POLYGLOTT on tour

Madrid

W0056467

Der Autor
Robert Möginger
studierte Tourismus in München und
Spanien, danach arbeitete er eine Zeit
lang im Management eines Touristik-
unternehmens. Als freier Autor und
Reisejournalist schreibt er am liebsten
über Spanien, Lateinamerika und die
Karibik.

Reiseplanung

Land & Leute

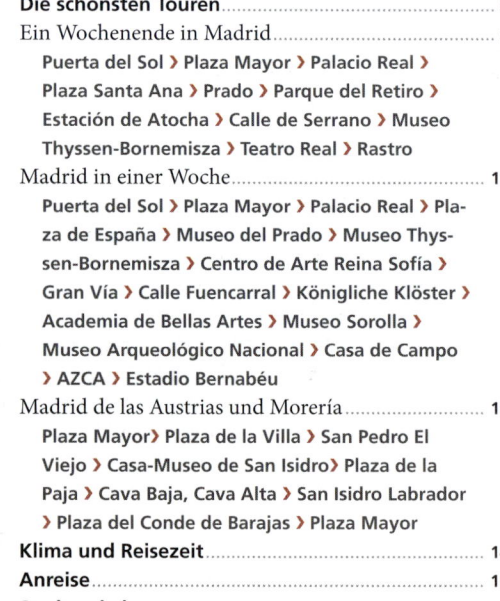

Unterwegs in Madrid

Madrids Altstadt 58
Ein geschichtsträchtiger Streifzug durch Madrids ältestes Viertel,
die Morería. Klöster, Paläste und Parkanlagen machen das
Zusammenspiel von Macht, Religion und Kunst deutlich.

Gran Vía, Malasaña und Chueca 75
Der Spaziergang führt über die noble Gran Vía, Madrids
Boulevard mit eleganten Geschäften und Restaurants, und macht
Abstecher in die ursprünglicheren Viertel Chueca und Malasaña
mit einem regen Nachtleben.

Karten

Reiseplanung

Die Stadtviertel im Überblick][Die schönsten
Touren][Klima und Reisezeit][Anreise][
Stadtverkehr][Unterkunft][Essen
und Trinken][Shopping][Am Abend

Die Stadtviertel im Überblick

Oft wird Spaniens Landkarte mit einer Stierhaut verglichen, die in der Sonne ausgebreitet daliegt. Bleibt man bei dem Bild, dann wäre Madrid das Herz des Stiers. Nicht nur, dass an der **Puerta del Sol** alle Straßen Spaniens zusammenlaufen – von der Hauptstadt gehen auch politisch-soziale und kulturelle Impulse für das ganze Land aus. Dabei ist Madrid mit seinen 3,2 Mio. Einwohnern (5 Mio. im Großraum) eine vergleichsweise junge Metropole. Anders als die anderen historischen Städte Kastiliens wie Toledo, Valladolid, Ávila oder Segovia ist Madrid, seit Felipe II. im 16. Jh. seinen Hof in die geografische Mitte des Reiches verlegte, eine Stadt der Zuwanderer geblieben. Das doppeldeutige Sprichwort *De Madrid al cielo* (»Von Madrid direkt in den Himmel«) steht nicht nur für das sagenhafte Blau und das klare Licht über Kastilien, sondern auch für die hochfliegenden Träume der Neu-Madrider aus den Regionen Spaniens, aus Afrika oder Lateinamerika. Als Wiege des Zentralismus gilt sie, als zu schnell gewachsene Beamtenstadt mit Geltungsdrang und Hang zu monumentaler Bauwut, als schicke Yuppie- und Zeitgeist-Hochburg. Beispiele gibt es genug, sei es die protzige Hauptpost an der Plaza da la Cibeles, die großspurigen Relikte der Franco-Diktatur oder die hypermodernen Bürotürme an der nördlichen Castellana – tatsächlich ließen die Mächtigen Madrids kaum eine Gelegenheit aus, dem Stadtbild ihren Stempel aufzudrücken.

Trotzdem wirkt Madrid überschaubar, die Orientierung fällt leicht: In der **Morería** finden sich mittelalterliche Reminiszenzen, ihre Gassen und Plätze lassen eher an die kastilische Provinz als an eine Weltstadt denken. Das **königliches Madrid** der Habsburger und Bourbonen erstreckt sich fußläufig im Dreieck zwischen Plaza Mayor, Königspalast und Oper. Die Prachtstraße **Gran Vía** gliedert das Zentrum von Westen nach Osten in zwei Hälften. Im Norden liegen mit den Vierteln **Malasaña** und **Chueca** zwei typisch Madrider Viertel mit Flair, alteingesessenen Läden, Märkten und legendären Nightlife-Revieren. Im südlichen Zentrum sind es das Literatenviertel **Huertas** und **Lavapiés,** die mit zahllosen Tapas-Bars, gemütlichen Restaurants und schönen Plazas begeistern. Gerade hier, in seinen Barrios, den Dörfern mitten in der Stadt, zeigt sich der eigentliche Charakter Madrids: unprätentiös, offen und unverblümt – wie die Madrileños selbst. Kein Wunder, dass selbst Kurzbesucher sich hier rasch heimisch fühlen. Man kommt ins Gespräch, genießt die kleinen Freuden des Alltags. Zugegeben, Lärm und Verkehr mögen anfangs auf den Boulevards auf die Nerven gehen – wo sonst in Europa kann man schon um drei Uhr nachts im Stau stehen? Dass Madrid aber auch eine erstaunlich grüne Stadt ist, belegt etwa der prächtige Parque del Retiro. Die Verlängerung des Paseo del Prado nach Norden, die **Castellana,** führt zum noblen Viertel **Salamanca** mit seinen Boutiquen und Galerien. Die größten Einzelattraktionen Madrids liegen wie Perlen auf der Schnur an der Nord-Süd-Achse **Paseo del Prado:** Das Museo del Prado, Museo Thyssen-Bornemisza und das Centro de Arte Reina Sofía, jedes für sich schon eine Reise wert.

Richtig angekommen ist man in Madrid, wenn Hektik und Tempo anfangen, sogar ein wenig Spaß zu machen. Und ausruhen lässt sich ja immer noch auf dem Rückflug …

Die schönsten Touren

Ein Wochenende in Madrid

Puerta del Sol > Plaza Mayor > Palacio Real > Plaza Santa Ana >
Museo del Prado > Parque del Retiro > Estación de Atocha >
Calle de Serrano > Museo Thyssen-Bornemisza > Teatro Real >
Rastro (Lavapiés)

Dauer:
Zwei halbe Tage (1. und 3. Tag) und ein ganzer Tag (2. Tag)

Distanzen & Verkehrsmittel:
1. Tag: Ausgangs- und Endpunkt Ⓜ Sol; 2. Tag: Startpunkt Ⓜ Banco de España, Endpunkt Ⓜ Ópera. 3. Tag: Start- und Endpunkt Ⓜ La Latina. Die meisten Sehenswürdigkeiten liegen im Zentrum und sind zu Fuß weniger als 20 Minuten voneinander entfernt. Der Flohmarkt Rastro (3. Tag) findet nur sonntags bis ca. 15 Uhr statt.

Alle Wege Madrids, so auch der erste aller Besucher, führen zur ***Puerta del Sol** > S. 60. Der Platz ist Knotenpunkt von U-Bahnlinien und Stadtbussen und auch Kilometer Null aller spanischen Landstraßen. Die autofreien Einkaufsmeilen Calle de Preciados und Calle de Carmen bieten sich für einen ersten Schaufensterbummel an. Die Calle Mayor führt direkt ins Herz der Altstadt, zur eleganten ****Plaza Mayor** > S. 61 mit Arkaden und Cafés, wo man bei einem Café cortado oder einer Tapa entspannen und in Ruhe ankommen kann. Den grandiosen ****Palacio Real** > S. 69 sollte man zumindest von außen ansehen; vom Vorplatz, der Plaza de la Armería, reicht der Blick weit über das ehemalige

Straßencafé in der Calle Huertas

königliche Jagdrevier Casa de Campo und hinüber auf die Altstadt – ein schöner Ort für eine Standortbestimmung. Wenn der Hunger kommt, lohnt sich immer ein Abstecher ins Viertel **Huertas.** Rund um die ***Plaza Santa Ana** ❭ S. 95, in der Calle Victoria oder Calle Huertas wird man garantiert fündig – die Auswahl an traditionsreichen Tapas-Bars ist groß.

Der zweite Tag steht zunächst im Zeichen der großen Kunst: Im *****Museo del Prado** ❭ S. 123 konzentriert man sich am besten gleich auf eine kleinere Auswahl. Denn wer die ganze Königliche Pinakothek würdigen möchte, sollte schon mehrere Tage dafür einplanen. Allein die großen Gemälde von Velázquez, Goya und Bosch verdienen mindestens zwei bis drei Stunden voller Aufmerksamkeit. Im ****Parque del Retiro** ❭ S. 109, dem Lustgarten der Habsburger, lässt es sich anschließend im Grünen durchatmen, vielleicht bei einem *Granizado,* der typischen Limonade mit zerstoßenem Eis. Wenn das Wetter keinen Spaziergang im Park zulässt, ist die ***Estación de Atocha** ❭ S. 132 mit ihrem tropischen Palmengarten eine Alternative. Gut erholt und gestärkt nach der Mittagspause z.B. im **La Dolores** ❭ S. 28 entscheidet man sich dann zwischen einer Siesta und einem kleinen Shopping-Streifzug durch das Gründerzeit-Viertel **Salamanca,** wo in den Geschäften z.B. an der **Calle de Serrano** ❭ S. 113 die spanische Alta Moda zu finden ist. Wer noch aufnahmefähig ist, besucht El Greco, Picasso und Pollock im ****Museo Thyssen-Bornemisza** ❭ S. 129, gleich schräg gegenüber dem Prado.

Sobald die müden Füße wieder wollen, kann der lange Madrider Abend beginnen – vielleicht in einer klassischen Cocktailbar an der Gran Vía oder einer urigen Taverne in Chueca. Opernfreunde kommen im **Teatro Real** ❭ S. 68 auf ihre Kosten; Live-Jazz, Salsa, Rock und Pop gibt es speziell am Wochenende auf zahllosen Bühnen von Huertas bis Salamanca. Wie lange die Nacht dauert, hängt nur von der individuellen Kondition ab. Die Madrider begrüßen den Morgen am liebsten mit einer Tasse heißer Schokolade und Churros in der **Chocolatería San Ginés** ❭ S. 37; die ganz Unentwegten tanzen noch weit nach Sonnenaufgang in den After-Hour-Klubs von Chamartín.

Am dritten Tag, am Sonntagmorgen, gibt es nur einen »Pflichttermin« für Madrider und Zugereiste: ****El Rastro** ❭ S. 99, den turbulenten Flohmarkt im Viertel **Lavapiés** ❭ S. 97 – genau die richtige Fundgrube für ein originelles Last-Minute-Mitbringsel …

Madrid in einer Woche

Puerta del Sol ❯ Plaza Mayor ❯ Palacio Real ❯ Plaza de España ❯ Museo del Prado ❯ Parque del Retiro ❯ Museo Thyssen-Borne-misza ❯ Centro de Arte Reina Sofía ❯ Gran Vía ❯ Calle Fuencarral ❯ Königliche Klöster ❯ Academia de Bellas Artes ❯ Fundación L. Galdiano ❯ Museo Sorolla ❯ Museo Arqueológico ❯ Templo de Debod ❯ Casa de Campo ❯ Zona AZCA ❯ Estadio Bernabéu

Dauer:
Mindestens 7 halbe Tage à 4–5 Stunden, mit Museen auch länger

Distanzen & Verkehrsmittel:
1. Tag: Ausgangspunkt Ⓜ Sol, Endpunkt Ⓜ Pl. de España; 2. Tag: Startpunkt Ⓜ Banco de España, Endpunkt Ⓜ Serrano; 3. Tag: Start Ⓜ Sevilla, Endpunkt Ⓜ Atocha; 4. Tag: Start Ⓜ Pl. de España, Endpunkt: Ⓜ Chueca; 5. Tag: Start Ⓜ Sol, Endpunkt: Ⓜ Rubén Darío; 6. Tag: Start Ⓜ Pl. de España, Endpunkt Ⓜ Argüelles; 7. Tag: Start Ⓜ Atocha, dann mit Bus Nr. 27 bis Endpunkt Ⓜ Pl. de Castilla.

Der erste Tag gehört der Altstadt zwischen ***Puerta del Sol** ❯ S. 60, ****Plaza Mayor** ❯ S. 61 und ****Palacio Real** ❯ S. 69; mit etwas mehr Muße kann man letzteren auch von innen besuchen. An der **Oper** und der eleganten **Plaza de Oriente** ❯ S. 68 vorbei gelangt man zur **Plaza de España** ❯ S. 71 mit dem viel fotografierten Don-Quijote-Denkmal. Für das *****Museo del Prado** ❯ S. 123 und den anschließenden Bummel durch den nahen **Parque del Retiro** ❯ S. 109 sollte man ruhig den ganzen zweiten Tag veranschlagen. Große Kunst auch am dritten Tag: Das ****Museo Thyssen-Bornemisza** ❯ S. 129 ergänzt die Sammlung des Prado. Im ****Centro de Arte Reina Sofía** ❯ S. 130 ist das wohl berühmteste spanische Kunstwerk zu sehen, Picassos »Guernica«. Das neue **CaixaForum** ❯ S. 132 am Paseo del Prado zeigt spannende Themenausstellungen moderner Kunst. Nach so viel Musealem sind Kommerz und Alltagsleben die Leitmotive des vierten Tages: An der **Plaza de España** beginnt ein Spaziergang über die hauptstädtische Prachtstraße **Gran Vía** ❯ S. 77 – wie wäre es mit einem spontanen Kinobesuch in einem der riesigen alten Filmtheater an der Plaza del Callao? Oder Sie lassen sich einfach einen Nachmittag lang treiben zwischen den Märkten, Plazas und Terrazas der Ur-Madrider Barrios **Chueca** und **Malasaña.** Immer den jüngsten Modetrends auf der Spur ist man in der **Calle Fuencarral** ❯ S. 77 mit ihren ausgeflippten Boutiquen. Oder man besucht die Bars und Restaurants um die ***Plaza Dos de Mayo** ❯ S. 83 und ***Plaza Chue-**

ca ❯ S. 79. Am fünften Tag hat man nach dem Besuch der Habsburger-klöster, dem ***Monasterio de las Descalzas Reales ❯** S. 67 mit Pinako-thek und dem ***Monasterio de la Encarnación ❯** S. 71 die Wahl: Entweder man nimmt sich die ****Real Academia de Bellas Artes ❯** S. 107 mit Werken von Goya und Zurbarán, die ****Fundación Lázaro Galdiano ❯** S. 115 (Constable, Turner, Murillo) oder das **Museo Sorolla ❯** S. 115 vor, eine wunderschöne Sammlung im Wohnatelier des valen-cianischen Impressionisten. Zu den Höhepunkten im ****Museo Ar-queológico Nacional ❯** S. 111 gehören die Nachbildung der Höhle von Altamira mit ihren prähistorischen Felsmalereien und die keltiberische »Dama de Elche«. Etwas ruhiger angehen kann man den sechsten Tag, z.B. mit einem Abstecher zum ägyptischen **Templo de Debod ❯** S. 72 und einer Tour per Seilbahn und zu Fuß durch den Park **Casa de Cam-po ❯** S. 73, einem Stückchen La Mancha am Rande der Stadt. Der siebte Tag steht ganz im Zeichen der Moderne: Am nördlichen **Paseo de la Castellana ❯** S. 113 sollte man die markanten Hochhäuser der ***Urba-nización AZCA ❯** S. 116 gesehen haben. Vielleicht ergibt sich sogar die Chance, ein Heimspiel von Real Madrid im legendären **Estadio Bernabéu ❯** S. 118 zu erleben. Und wie wäre es am letzten Abend mit einem Besuch einer der zahlreichen **Flamencobühnen** der Altstadt?

Madrid de las Austrias und Morería

Plaza Mayor ❯ Plaza de la Villa ❯ San Pedro El Viejo ❯ Casa-Mu-seo de San Isidro ❯ Plaza de la Paja ❯ Cava Baja, Cava Alta ❯ San Isidro Labrador ❯ Plaza del Conde de Barajas ❯ Plaza Mayor

Dauer:
Etwa 2–3 Stunden

Distanzen & Verkehrsmittel:
Ausgangs- und Endpunkt ist Ⓜ Sol. Tipp: Der Rundgang findet Do um 16 Uhr und Sa um 12 Uhr als geführte Tour (spanisch/englisch) statt. Treffpunkt: Tourismusbüro an der Plaza Mayor.

Unter dem »österreichischen« Madrid versteht man jene Gegenden der historischen Altstadt, die von den Habsburgern geprägt wurden. In der Morería, dem stellenweise fast dörflich-stillen Bezirk rund um die Plaza de la Paja, erinnern manche Bauten sogar an die Vergangenheit des maurischen Marktfleckens namens Majrit. Die ****Plaza Mayor ❯** S. 61, ein harmonisches Geviert ganz im kühlen Stil der habsburgischen Renaissance, gilt als Blaupause für zahllose Hauptplätze der spanischsprachigen Welt. Im Mittelalter wurden hier Stierkämpfe, Hinrichtungen und Märkte abgehalten; heute ist die autofreie Plaza beliebter Treff- und Ruhepunkt des Zentrums. In der wunderschön bemalten Casa de la Panadería befindet sich das Tourismusbüro. Am Rathausplatz, der ***Plaza de la Villa ›** S. 62, stehen einige der ältesten Bauten Madrids aus dem 15./16. Jh.; einige Details wie Türme und Torbögen weisen arabische Züge auf. Die Kirche **San Pedro El Viejo ›** S. 64 und ihr Mudéjar-Backsteinturm lassen entfernt an die maurische Moschee denken, die früher an derselben Stelle stand. Wer tiefer eintauchen möchte in die Geschichte Madrids, sollte die **Casa-Museo de San Isidro ›** S. 64 an der Plaza San Andrés besuchen; hier laden Freiluftcafés zum angenehmen Pausieren ein. Der mittelalterliche Heumarkt, die **Plaza de la Paja ›** S. 65, wirkt bis heute wie ein Dorfplatz irgendwo in der kastilischen Provinz. Die traditionelle Küche Kastiliens ist die Hauptattraktion in den Straßen **Cava Baja, Cava Alta** und **Cuchilleros ›** S. 66: In urigen Gewölben werden deftige Spanferkel- und Lammbraten serviert. **El Sobrino del Botín** wirbt gar für sich als »ältestes Restaurant der Welt«. Nach dem Abstecher zur ersten Kathedrale Madrids, der **Colegiata de San Isidro de Labrador ›** S. 66, führt der Rundgang an der schattigen Plaza del Conde de Barajas vorbei wieder zur ****Plaza Mayor.**

Touren und Ausflüge

Touren in der Stadt	Stadtviertel	Dauer	Seite
Morería/Madrid de los Austrias	Altstadt	2–3 Std.	60
Königliches Madrid	Altstadt	2–4 Std.	67
Um die Gran Vía	Gran Vía, Malasaña und Chueca	3–5 Std.	77
Literatenviertel und Rastro	Huertas	3–5 Std.	91
Salamanca und Retiro	Salamanca	3–4 Std.	106
Paseo del Prado	Huertas/Prado	1 Tag	123
Ausflüge	**Lage**	**Dauer**	**Seite**
El Escorial	49 km nordwestlich	4–5 Std.	134
Toledo	71 km südlich	1 Tag	134
Ávila	113 km nordwestlich	1 Tag	135
Segovia	88 km nördlich	1 Tag	135
Alcalá de Henares	32 km östlich	5–6 Std.	136
Aranjuez	48 km südlich	1 Tag	136

Klima und Reisezeit

Zwar liegt Madrid etwa auf derselben geografischen Breite wie Neapel oder Istanbul, aber südländisch mild oder gar mediterran gibt sich die Meseta keineswegs: *Del invierno al infierno* – »vom Winter direkt in die Hölle«, so beschreibt ein geflügeltes Wort das typisch kontinentale, von Extremen gezeichnete Binnenklima Zentralkastiliens. Wem einmal die klamme, zugige Kälte eines verregneten Wintertages in Madrid in die Knochen gekrochen ist, der wird bei der Hotelauswahl Wert auf eine funktionierende Heizung legen. Frost und Schnee jedoch kennt man in der Stadt kaum; wenn der eisige Wind aus der Sierra doch einmal ein paar weiße Flocken herüberträgt, bleiben sie nicht lange liegen. In der nahen Provinz Ávila kommt es dagegen oft vor, dass nach Schneestürmen ganze Dörfer von der Außenwelt abgeschnitten sind.

Frühling und Herbst bescheren angenehme, mäßig warme Sonnentage, geben aber nur ein kurzes Gastspiel. Im Sommer sind Temperaturen bis zu 40 °C die Regel und manchmal sogar mehr. Wirklich unerträglich wird es am späten Nachmittag, wenn sich Asphalt und Beton aufgeheizt haben und die Hitze in den Staßen steht. Wer nicht arbeiten muss, verlässt Madrid in dieser Jahreszeit. Zur Sommerfrische (spanisch *veranear*) sucht man vorzugsweise die Costa Blanca oder die grünen Küsten im Norden auf. Viele Lokale, Geschäfte und kleinere Museen haben während der Ferien (von Ende Juni bis Mitte September) geschlossen.

Vom Klima einmal ganz abgesehen ist Madrid zweifellos das ganze Jahr über besuchenswert. So verheißt der Hochsommer als Trostpflaster für hitzeresistente Touristen und Daheimgebliebene ein umfangreiches Kulturprogramm (in den Bereichen Musik, Theater, Ballett, Film) mit Open-Air-Veranstaltungen, eben den *Verano de la Villa*. Außerdem belohnt die heiße Jahreszeit den Besucher mit einer deutlich entspannten Verkehrslage, einem intensiven und erlebenswertem Nachtleben auf den Caféterrassen entlang dem Paseo de la Castellana sowie mit etwas weniger Betrieb im Prado und in der Sammlung Thyssen-Bornemisza als sonst üblich. Die großen Museen sind klimatisiert und daher ideale Zufluchtsorte vor der großen Sommerhitze.

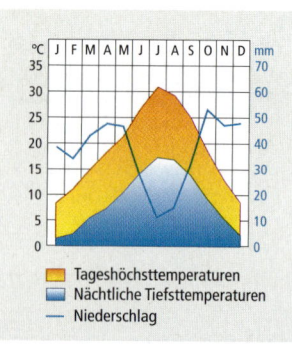

Tageshöchsttemperaturen
Nächtliche Tiefsttemperaturen
Niederschlag

Anreise

Mit dem Flugzeug

Iberia und Lufthansa fliegen täglich nonstop von vielen deutschen Flughäfen aus nach Madrid; Billigflüge bieten u.a. Germanwings, Condor, Air Berlin und Easyjet an. Der Flughafen Barajas liegt 12 km östlich der Stadtmitte an der Autobahn N-II. Touristeninformation und Hotelreservierungsbüros befinden sich in der Ankunftshalle; Flugauskünfte werden erteilt unter Tel. 902 35 35 70. Ins Zentrum geht es per Taxi (ca. 25 €) oder mit dem Bus der Linie 200 zur Avenida de América mit Taxistand und Metrostation (5.20–23.30 Uhr, alle 15–20 Min.). Praktisch und am billigsten ins Zentrum geht es mit der Metrolinie 8 (Umsteigen in Ⓜ Nuevos Ministerios). Die Metrostation befindet sich zwischen den Terminals T2 und T3.

Mit Bahn und Bus

Fernzüge aus dem Norden (via Paris bzw. Zürich und Barcelona) kommen am Bahnhof Chamartín an, wo es eine Touristeninformation und einen Metroanschluss gibt. Züge nach Südspanien, z.B. der Schnellzug AVE nach Córdoba und Sevilla, verkehren ab der Estación Atocha.

Dem Nahverkehr dient der Bahnhof Príncipe Pío. Bahn (RENFE): Tel. 902 24 02 02, www.renfe.es.

Langstreckenbusse fahren die Estación Sur (Méndez Álvaro) an; viele Gesellschaften verbinden Madrid preisgünstig mit allen Landesteilen. Auskunft unter Tel. 914 68 42 00. Metro-Tickets gelten auch in Bussen.

Mit dem Auto

Die Autobahnen in Spanien sind mautpflichtig. In Madrid selbst spart man Zeit und schont die Nerven, wenn man auf öffentliche Verkehrsmittel umsteigt. Die Parkmöglichkeiten in der Innenstadt sind sehr eingeschränkt. Für Parkhäuser zahlt man stunden- bzw. tageweise. Falschparker werden rigoros abgeschleppt!

Schnell und bequem mit dem Bus durch die spanische Hauptstadt

Stadtverkehr

Per Taxi

Taxis sind das sicherste Verkehrsmittel. Gut 15 500 weiße Taxis mit rotem Querstreifen sind in der Stadt unterwegs. Die Tarife sind relativ günstig. Das Taxameter darf bei Fahrtbeginn maximal einen Grundpreis von 1,95 € anzeigen; Zuschläge fallen für Nacht-, Sonntags-, Flughafen-, Messe- und Bahnhofsfahrten an. Die Tarife müssen am rechten hinteren Fenster angeschlagen sein. Übers Ohr gehauen wird man bevorzugt auf der Flughafenroute; eine Quittung *(recibo oficial)* schafft Klarheit. Beschwerdestelle: Oficina Municipal del Taxi, Vallehermoso, 1, Tel. 915 88 96 32. Taxiruf: 914 47 51 80.

Mit öffentlichen Verkehrsmitteln

Die Metro ist zwar ein zuverlässiges Transportmittel, doch werden immer mehr Raubüberfälle gemeldet. Ihre elf Linien verkehren von 6 bis 1.30 Uhr, die 151 Buslinien von 6 bis 24 Uhr. Nachtbusse *(búhos)* fahren bis 5 Uhr morgens ab Puerta del Sol und Plaza de Cibeles. Überall gilt ein Einheitstarif von 1 € pro einfache Fahrt *(sencillo)*; die Zehnerkarte *(Metrobús)* kommt mit 7 € deutlich billiger. Das Metrobús-Ticket gilt auch für städtische Busse und ist in allen U-Bahnhöfen erhältlich. Die Busfahrer verkaufen nur einfache Fahrkarten. Mit der Besucherkarte *(Abono Turístico)* kann man alle öffentlichen Verkehrsmittel beliebig oft benutzen; sie ist erhältlich für 1, 2, 3, 5 und 7 Tage (5/8,40/11/16,80 und 22,60 €). Auskünfte zur Metro: Tel. 902 44 44 03, www.metromadrid.es, Informationen zu den Bussen: Tel. 914 06 88 10, www.emtmadrid.es.

Zu empfehlen ist die Madrid Card, die freien Eintritt in die Museen der Stadt gewährt und die Nutzung von Bus und Metro einschließt › S. 139.

Im Erdbeerzug

Samstags und sonntags fährt um 10 Uhr (Mai–Juli) im Atocha-Bahnhof schnaubend die rekonstruierte Dampflok des **Tren de la Fresa** nach Aranjuez ab (Fahrzeit ca. 50 Min.; Rückfahrt: 18 Uhr). Die historische Zuglinie wurde 1851 eröffnet. Den Ausflüglern in den holzgetäfelten Nostalgiewaggons servieren Hostessen frische Erdbeeren aus Aranjuez.

Im Fahrpreis von 25 € pro Person inbegriffen: Eintritt und Führung durch das Königsschloss. Auskunft: Tel. 902 22 88 22; Buchung: an allen Madrider Bahnhöfen oder im Reisebüro.

Stadtrundfahrten/Ausflüge

Die Doppeldeckerbusse von Madrid Visión pendeln tgl. von 10 bis 19 Uhr auf zwei Routen zwischen den wichtigsten Sehenswürdigkeiten. Die beiden Rundfahrten beginnen an der Plaza de España; für 16 € (Tagespreis pro Person; Kinder 8,50 €) kann man an allen markierten Stationen beliebig ein- und aussteigen (Erläuterungen auch auf Deutsch, www.madridvision.es). Lohnend sind die Themen-Exkursionen zu Fuß, per Bus oder mit dem Leihfahrrad des städtischen Patronato de Turismo (z.B. Führungen durch klassische Tavernen, Spaziergänge durch das literarische Madrid); einige Touren werden auch auf Deutsch und Englisch angeboten. Info: **Centro de Turismo,** Plaza Mayor, 27, Tel. 915 88 29 06, www.esmadrid.com.

Organisierte Tagesausflüge › S. 133 offerieren die Busunternehmen

- Juliátur, Gran Vía, 68, Tel. 915 59 96 05;
- Pullmantur, Pl. de Oriente, 8, Tel. 915 41 18 05;
- Trapsatur, San Bernardo, 23, Tel. 915 41 63 20.

Mietwagen

Mietwagen kann man bei den Filialen der Verleihfirmen am Flughafen Barajas oder über die Hotelrezeption ordern (meist auf Kreditkarte). Preiswerte Fly&Drive-Pakete mit und ohne Hotelbuchung bietet z.B. »Follow Me«-Flugreisen an, Stahlgruberring 22, 81829 München, Tel. (089) 38 18 22 22, www.followme.de.

Lärmhauptstadt Madrid

Ein ganz normaler Vormittag an der Gran Vía: Auf sechs Spuren tobt der Straßenverkehr, tausendfach hallt der Motorenlärm von den Betonfassaden der Hochhäuser wider. Röhrende Linienbusse, kreischende Bremsen vor roten Ampeln, dröhnende Mopeds mit aufgebohrten Auspuffen; dazwischen Schreie von Losverkäufern, das Jaulen einer Ambulanz im Dienst, die Trillerpfeife eines Verkehrspolizisten – so müsste die heimliche Hymne Madrids klingen. Die Obergrenze von 70 Dezibel (darüber sind Gehörschäden nicht auszuschließen) wird von jeder zweiten Straße im Stadtgebiet mehr als zehn Stunden täglich überschritten.

Den Hauptstädter regt der Lärm längst nicht mehr auf. Entweder man hört einfach nicht hin oder man kompensiert den Soundtrack der Straßen mit noch mehr Krach: dem plärrenden Fernseher in der Bar, einer Hand an der Hupe und vor allem mit dem eigenen Organ – stimmlich sind die Madrileños bestens an ihre Umwelt angepasst.

Mit Kindern in der Stadt

Auf den ersten Blick ist Madrid kein Reiseziel für Familien, doch können Kinder aller Altersstufen viele Attraktionen entdecken. Kinder nehmen in Spanien wie selbstverständlich am Alltag teil. Besonders in den Sommerferien von Ende Juni bis Mitte September bleiben auch die Kleinsten oft bis Mitternacht auf.

Schattige Spielplätze gibt es auf vielen Plazas des Zentrums, z. B. an der Plaza Dos de Mayo und auf dem Paseo del Prado. Besonders am Wochenende ist immer etwas los im **Parque del Retiro,** den früheren Lustgärten der Habsburger. Zauberer, Straßenmusiker und Puppenspieler sorgen für Unterhaltung; auf dem künstlichen Teich (Estanque) kann man Boote mieten ❯ S. 109. Das Marionettentheater (Teatro de Títeres) am Eingang Puerta de Alcalá führt im Sommer täglich um 18.30 Uhr kostenlos ein Stück auf. Die **Piscina Casa de Campo** im gleichnamigen Park (mit Hallenbad im Winter, Ⓜ Lago) ist das beste Freibad Madrids; es gibt drei Becken, davon eines für Kinder. Einen spektakulären Blick auf Stadt und Königspalast bietet die Fahrt mit dem 2,5 km langen **Teleférico de Madrid,** Paseo del Pintor Rosales, s/n, Ⓜ Argüelles, Tel. 915 41 11 88, www.teleferico. com. Die Seilbahn verbindet das Zentrum mit dem Park.

Im modernen naturwissenschaftlichen Museum **Cosmocaixa Madrid,** Pintor Velázquez, Alcobendas, s/n, Ⓜ Novedades, Tel. 914 84 52 00, www.fundacio. lacaixa.es, heißt das Schlüsselwort interaktiv. In den Bereichen »Clik de los niños« und »Toca Toca« gibt es rund um Physik, Chemie und Astronomie viel zum Anklicken und Anfassen.

Karussell und Achterbahn

In den Madrider Freizeitparks kann sich die ganze Familie vergnügen.

■ **Parque de Atracciones**
Casa de Campo, Ⓜ Batán
Tel. 915 26 80 31
www.parquedeatracciones.es
Madrids größter Freizeitpark. Attraktionen vom Kinderkarussell bis zur Hightech-Achterbahn sorgen für Entertainment (fast) rund um die Uhr (Eintritt: 27,50 €, Kinder unter 7 Jahren 18 €). Im Sommer tgl. 11–1 Uhr, im Winter variabel.

■ **Imax Madrid**
Meneses, s/n, Parque Tierno Galván
Ⓜ Méndez Álvaro
Tel. 914 67 48 00
www.imaxmadrid.com
Dinosaurier, Wildwasserfahrten, Heli-Flüge im Grand Canyon, Expeditionen in die Wüste und durch den Urwald – und alles zum Anfassen nahe, dank 3-D-Brille.

■ **Parque Warner**
San Martín de la Vega
Tel. 918 21 12 34
www.parquewarner.com
Nahverkehrszug: Ab Atocha mit der Linie C-3 Richtung Aranjuez, Umsteigen in Pinto. Sa direkt von Chamartín. Bus: Empresa La Veloz ab Estación Sur.

Bugs Bunny und Batman sind die Hauptdarsteller in dem großen Themenpark südöstlich von Madrid, es gibt u.a. Achterbahnen und Wildwasserfahrten. Eintritt: 35 € und 26,50 € für Kinder bis 10 Jahre.

Haie und Dinosaurier

Exotische Tiere und Pflanzen kann man in folgenden Einrichtungen beobachten:

■ **Faunia**
Avenida de las Comunidades, 28
Ⓜ Valdebernardo
Tel. 913 01 62 10, www.faunia.es
Der Biopark ist eine Mischung aus Vergnügungspark, Botanischem Garten und Zoo. In künstlichen Ökosystemen sämtlicher Klimazonen von Antarktis bis Amazonien begegnet man Pflanzen und Tieren aus aller Welt, darunter Pinguine, tropische Falter und Kängurus; im Jurásico lernen Besucher alles über die Welt der Dinosaurier (Eintritt: 21 €, Kinder bis 11 Jahre 15 €).

■ **Zoo Aquarium de Madrid**
Casa de Campo, Ⓜ Casa de Campo
Tel. 915 12 37 70
www.zoomadrid.com
Der Zoo von Madrid beherbergt 6000 Tiere, darunter Pandabären, einen weißen Tiger und indische Nashörner. Besonders beliebt bei den Besuchern sind das Freiluft-Delfinarium und das begehbare Hai-Aquarium.

Tickets für Kinder

Mit der **Madrid Card Niños** erhalten Kinder Preisnachlässe oder freien Eintritt zu vielen Sehenswürdigkeiten (www.madridcard.com). Das Kombiticket **Bonoparque** für Parque Warner, Parque de Atracciones, Zoo und Teleférico kostet 68 € pro Person und lohnt sich beim Besuch aller vier Attraktionen.

Unterkunft

In Madrid gibt es eine große Auswahl an luxuriösen Hotels

Hotels

Das Angebot der Madrider Hotellerie ist einer Weltstadt würdig. Die Bandbreite reicht von einfachen *Casas de Huespedes* (weißes CH auf blauem Schild), *Pensiones* (P) und familiären *Hostales* (HS) bis zum *Hotel*. Hostales werden je nach Ausstattung von der Tourismusbehörde Turespaña mit bis zu drei Sternen, Hotels mit bis zu fünf Sternen bewertet. Drei Nobelherbergen dürfen sich derzeit mit der Auszeichnung Gran Lujo (GL; »großer Luxus«) schmücken.

Die Zimmerpreise haben in den letzten Jahren kräftig angezogen; das Preis-Leistungs-Verhältnis erscheint gerade im 4-Sterne-Sektor nicht immer nachvollziehbar. Gute Hostales oder 2- bis 3-Sterne-Häuser bieten fürs Geld oft mehr Komfort und Service. Gute und preiswerte Unterkünfte findet man vor allem im Literatenviertel zwischen Plaza Santa Ana und Plaza de las Cortes. An Wochenenden gelten oft vergünstigte Tarife. Frühstück ist in der Regel nur in höherklassigen Hotels im Preis inbegriffen. Für die Reservierung genügt meist ein Fax oder eine E-Mail mit Angabe einer Kreditkartennummer. Ausgesuchte Hotels können auch bei Fluggesellschaften und Reiseveranstaltern gebucht werden. Eine zuverlässige spanische Hotelkette ist **NH Hoteles,** die allein im Großraum Madrid mit 33 Häusern vertreten ist (in Deutschland kostenlose Buchung unter Tel. 0 08 00/01 15 01 16 oder unter www.nh-hotels.de).

Frühzeitig buchen

Vor allem während des beliebten Volksfestes Feria de San Isidro vom 8. bis 15. Mai › S. 55, das auch den Höhepunkt der Stierkampfsaison darstellt, sollte man sich rechtzeitig um ein Hotelzimmer kümmern. Aufgrund der ganzjährig in Madrid stattfindenden zahlreichen Messen und Kongresse ist es allerdings ohnehin ratsam, die Unterkunft frühzeitig zu buchen.

Luxushotels

■ **Ritz**

Pl. Lealtad, 5, Ⓜ Banco de España

Tel./Fax 917 01 67 67

www.ritzmadrid. com

Klassiker am Prado: 156 Zimmer,
schöner Garten und herrliche Bar. ●●●

■ **Santo Mauro**

Zurbano, 36, Ⓜ Rubén Darío

Tel. 913 19 69 00][Fax 913 08 54 77

www.achotelsantomauro.com

37 Zimmer und Appartements in luxuriös renoviertem Adelspalast. ●●●

■ **Wellington**

Velázquez, 8, Ⓜ Retiro

Tel. 915 75 44 00][Fax 915 76 41 64

www.hotel-wellington.com

Stammhotel berühmter Stierkämpfer,
vornehmes Flair. ●●●

■ **Urban**

Carrera de San Jerónimo, 34

Ⓜ Sevilla

Tel. 917 87 77 70][Fax 917 87 77 99

www.hotelurban.es

Neues Luxushotel mit Poolterrasse,
schicken Designermöbeln und Kunst
aus Fernost und Ägypten. ●●●

■ **Hesperia Madrid**

Paseo de la Castellana, 57

Ⓜ Gregorio Marañón

Tel. 912 10 88 00][Fax 912 10 88 99

www.hesperia-madrid.com

Modernes Haus mit sehr gutem katala-
nischem Restaurant. ●●●

Gehobene Mittelklasse

■ **Tryp Ambássador**

Cuesta de Santo Domingo, 5

Ⓜ Santo Domingo

Tel. 915 41 67 00][Fax 915 59 10 40

www.solmelia.com

Zentral und doch ruhig, historisches
Gebäude, gediegen, immer wieder
attraktive Sondertarife. ●●●

■ **Nacional**

Paseo del Prado, 48, Ⓜ Atocha

Tel. 914 29 66 29][Fax 913 69 15 64

www.nh-hotels.de

Neues in altem Rahmen, gelungenes
Design, ideal gelegen für Museums-
besucher. ●●●

■ **Gran Meliá Fénix**

Hermosilla, 2, Ⓜ Colón

Tel. 914 31 67 00][Fax 915 76 06 61

www.solmelia.com

Schönes altes Haus mit großen
Zimmern. ●●●

■ **Palacio San Martín**

Pl. de San Martín, 5, Ⓜ Sol

Tel. 917 01 50 00][Fax 917 01 50 10

www.intur.com

Neues Komforthotel in umgebautem
Stadtpalais. Schöne Dachterrasse. ●●●

Mittelklassehotels

■ **Green Lope de Vega**

Lope de Vega, 49, Ⓜ Sevilla

Tel. 913 60 00 11][Fax 914 29 23 91

www.hotelgreenlopedevega.com

Praktisches Hotel in idealer Altstadt-
lage, die Zimmer tragen die Namen
von Literaten. Klasse: Die Suiten mit
Terrasse in der obersten Etage. ●●●

■ **Carlos V.**

Maestro Vitoria, 5, Ⓜ Sol

Tel. 915 31 41 00][Fax 915 31 37 61

www.bestwesternhotelcarlosv.com

Freundlich, altmodisch und solide.
Mit Stilmöbeln eingerichtet.
Ein Tipp: die Balkonzimmer im fünften
Stock. ●●

■ **Ópera**

Cuesta de Santo Domingo, 2

Ⓜ Ópera

Tel. 915 41 28 00][Fax 915 41 69 23

www.hotelopera.com

Vollständig renoviertes Traditionshotel
unweit des Königspalastes. ●●

Wohnen mit Madrider Flair

■ **The Westin Palace**
Pl. de las Cortes, 7, Ⓜ Sevilla
Tel. 913 60 80 00, Fax 913 60 81 00
www.westinpalacemadrid.com
Stilvolles Belle-Epoque-Haus mit eindrucksvoller Buntglaskuppel über der Hotelhalle. ●●●

■ **Casa de Madrid**
Arrieta 2, Ⓜ Ópera
Tel. 915 59 57 91, Fax 915 40 11 00
www.casademadrid.com
Ein Juwel; fünf Zimmer, liebevoll mit antiken Möbeln eingerichtet, persönlicher Service. ●●●

■ **Orfila**, Orfila, 6, Ⓜ Colón
Tel. 917 02 77 70, Fax 917 02 77 72
www.hotelorfila.com
Bürgerpalais von 1880, heute ein kleines, aber sehr feines Hotel mit 32 sehr ruhigen Zimmern. ●●●

■ **Emperador**
Gran Vía, 53, Ⓜ Santo Domingo
Tel. 915 47 28 00, Fax 915 47 28 17
www.emperadorhotel.com
Etwas in die Jahre gekommen, aber mit grandioser Aussicht von der Poolterrasse über die Gran Vía. ●●●

■ **Galiano**
Alcalá Galiano, 6, Ⓜ Colón
Tel. 913 20 00, Fax 913 19 99 14
www.hotelgaliano.com
Kleines, charmantes, mit Stilmöbeln ausgestattetes Hostal, familiär. ●●

■ **Santander**, Echegaray, 1
Ⓜ Sevilla, Tel. 914 29 66 44
www.hotelsantandermadrid.com
Stimmungsvolles altes Hotel; 35 einfache Zimmer mit großen Bädern. Ideale Lage für nächtliche Ausflüge ins Kneipenviertel Huertas. ●

■ **Miau**
Del Príncipe, 26, Ⓜ Sol
Tel. 913 69 7120][Fax 914 29 74 60
www.hotelmiau.com
Modern eingerichtete Zimmer hinter einer neoklassizistischen Fassade, sehr praktisch an der Plaza Santa Ana gelegen. Für den Preis gut. ●●

■ **NH Zurbano**
Zurbano, 79–81
Ⓜ Gregorio Marañón
Tel. 914 41 45 00][Fax 914 41 32 24
www.nh-hotels.de
Sehr ansprechendes 3-Sterne-Haus in ruhiger Lage (Zone Azca), schnell vom Flughafen zu erreichen und doch zentrumsnah. Typisches Design der boomenden spanischen NH-Hotelkette. ●●

■ **Petit Palace Arenal**
Arenal, 16, Ⓜ Sol
Tel. 915 64 43 55][Fax 915 64 08 54
www.hthoteles.com
Schickes Boutique-Hotel in topmodernem Outfit; teils sogar mit eigenem PC und Fitness-Geräten im Zimmer. ●●

■ **Arosa**
Salud, 21, Ⓜ Sol
Tel. 915 32 16 00][Fax 915 31 31 27
www.bestwestern.es
Nicht zu teures, praktisch gelegenes Stadthotel mit hellen Zimmern und leicht kitschigem Retro-Dekor. ●●

■ **NH Suites Prisma**
Santa Engracia, 120, Ⓜ Ríos Rosas
Tel. 914 41 93 77][Fax 914 42 58 51
www.nh-hotels.de
Komfortable Suiten und Appartements mit Küche, auch tageweise. ●●

■ **Inglés**
Echegaray, 8, Ⓜ Sevilla.
Tel. 914 29 65 51][Fax 914 20 24 23
www.hotel-ingles.net
Einfaches, gemütliches Quartier im Literatenviertel; eigene Parkgarage. ●

Einfache Hotels/Aparthotels

■ **Europa**
Carmen, 4, Ⓜ Sol
Tel. 915 21 29 00
www.hoteleuropa.net
Direkt hinter der Puerta del Sol, gut geführt, freundlicher Service. ●

■ **Hostal Villagarcía**
Fuencarral, 10, Ⓜ Gran Vía
Tel. 915 22 05 85
www.villa-garcia. com
Nettes Hostal mit Küchenbenutzung. ●

■ **Hostal Armesto**
San Agustín, 6, Ⓜ Antón Martín
Tel. 914 29 09 40
www.hostalarmesto.com
Preiswert, sauber und freundlich. Helle Zimmer im Zentrum von Huertas. ●

■ **Hostal Alaska**
Espoz y Mina, 7, 4. Stock, Ⓜ Sol
Tel. 915 21 18 45
www.hostalalaska.com
Sehr nettes Hostal in unübertrefflicher Zentrumslage; individuelle Zimmer und ein Appartement. Tipp: Das große Zimmer Nr. 7 mit zwei Balkonen. ●

■ **Hostal Arco Iris**
O'Donnell, 27, 6. Stock, Ⓜ O'Donnell
Tel. 915 75 50 15
www.hostalarcoiris.com
Liebevoll eingerichtet in freundlichen Regenbogenfarben, im Design der 1970er-Jahre. ●

Camping

■ **El Escorial**
Guadarrama, El Escorial
Carretera M-600, km 3,5
Tel. 918 90 24 12
www.campingelescorial.com
Beinahe luxuriös, 45 km nördlich von Madrid gelegen. Bus 664 ab Moncloa (50 Min.).

Jugendherbergen

■ **Ricardo Schirmann**
Casa de Campo, Ⓜ Lago
Tel. 914 63 56 99

■ **Santa Cruz de Marcenado**
Santa Cruz de Marcenado, 28
Ⓜ Argüelles
Tel. 912 47 45 32

Der Tradition verpflichtet: Das Hotel Ritz

Essen und Trinken

Madrid macht Appetit: Zuwanderer aus allen Winkeln der Iberischen Halbinsel lassen die Regionalküchen des Landes hochleben; Südamerikaner und Orientalen sorgen für eine exotische Note. 5000 Restaurants sowie 23 000 *bares, cervezerías, mesónes, tascas* und *tavernas* stehen zur Auswahl. Nichts wird in Madrid häufiger diskutiert als die Frage »Wo essen und trinken wir heute?«.

Mahlzeiten

Von nur geringer Bedeutung ist das Frühstück *(desayuno),* ein rascher *café con leche* (Milchkaffee), dazu vielleicht ein Croissant oder ein Toast und ein Glas Leitungswasser hinterher – für viel mehr hat am Morgen kaum jemand Zeit. Bis zur Hauptmahlzeit, dem üppigen *almuerzo* (nicht vor 14 Uhr) nimmt man in der Bar an der Ecke ein paar Tapas › S. 103. Ein Bier vom Fass *(caña)* oder ein Gläschen Wein *(chato de vino)* im Stehen gehören dazu. Zum Abendessen *(cena)* findet man sich frühestens um 21.30 Uhr ein; die Lokale füllen sich selten vor 23 Uhr. Nach einer ausgedehnten Zechtour begrüßen Nachtschwärmer die Sonne gerne bei einer Portion *churros con chocolate,* in Öl gebackenen Teigkringeln, die man in starken, dickflüssigen Kakao tunkt.

Typisch kastilisch

Typisch kastilische Gerichte sind beispielsweise ein knuspriges Spanferkel *(cochinillo),* Milchlamm *(lechazo)* oder Zicklein *(cabrito),* deren Fleisch so aromatisch und zart schmeckt, dass es buchstäblich auf der Zunge zergeht. Geschmort werden die Braten im Ofen *(horno de asar)* oder im Tontopf, damit der Saft nicht verloren geht. Als Beilagen kommen Salat und Brot auf den Tisch.

Zu den volkstümlichsten Rezepten zählen sättigende Eintöpfe wie der *estofado* (Rindsragout mit Tomaten, Zwiebeln und Kartoffeln), *callos a la madrileña* (Kutteln mit Blutwurst, Paprikawurst und Kalbsfuß) oder der obligatorische *cocido madrileño.* Nach dem Genuss dieses typischen Winteressens braucht man sich allerdings nicht mehr viel vorzunehmen – allzu magenfüllend ist diese Madrider Spezialität: Auf der Basis von eingeweichten Kichererbsen *(garbanzos)* werden Schweinespeck, Schinken, Hühnerfleisch, Blut- und Paprikawurst *(morcilla* bzw. *chorizo),* Kartoffeln, Karotten und Weißkohl zusammengekocht. Die gehaltvolle Brühe wird abgegossen und vorab mit Nudeleinlage als Suppe gereicht. Das einstige Armeleuteessen zelebrieren heute längst auch zahlreiche Edelrestaurants. Süße Nachspeisen sind z.B. *flan* (Eierpudding mit Karamelsoße), *leche frita* (Pudding, in Fett ausgebacken),

In den Tapas-Bars trifft man sich auf ein Glas Wein und kleine Leckereien

mazapán (Marzipan aus Toledo) oder *tarta helada* (Eistorte). Vielleicht nicht jedermanns Sache ist der intensiv schmeckende asturische Käse *cabrales,* der aus Schafs- und Ziegenmilch zubereitet wird; je reifer, desto rassiger schmeckt der *queso manchego,* ein Schafskäse aus der Mancha. Häufig isst man Käse zusammen mit *dulce de membrillo,* einer in dünne Scheiben geschnittenen Quittenpaste. Unverzichtbar, auch für das körperliche Wohlbefinden nach dem Essen ist der Espresso ohne *(café sólo)* oder mit wenig Milch *(cortado).* Carajillo nennt sich Kaffee, der mit einem Schuss Brandy versetzt wird. Zum Abschluss eines opulenten Mahls genehmigt man sich den populären Anis-Digestif *(anisado)* aus Chinchón.

Edle Tropfen

Wenig bekannt sind die Rotweine der Region Madrid *(Vinos de Madrid D.O.),* obwohl jährlich rund 40 Mio. Liter produziert werden. Eine bemerkenswerte Qualität erreichen die Anbaugebiete Navalcarnero, Arganda und San Martín de Valdeiglesias. Viel häufiger kredenzen Bars und Restaurants die milden Landweine aus La Mancha (Valdepeñas, Almansa) und die erstklassigen Gewächse aus La Rioja und Riba del Duero, zu denen der Vega Sicilia zählt, der teuerste Wein Spaniens. Die besten Weißweine stammen aus dem katalanischen Penedès (Provinz Tarragona). Ein Tropfen für alle Fälle ist der andalusische *Jerez* (Sherry), der in Madrid bevorzugt in den trockenen Sorten *(fino* und *manzanilla)* genossen wird.

Edel und teuer

■ **Zalacaín**

Álvarez de Baena, 4

Ⓜ **Rubén Darío**

Tel. 915 61 59 35

www.restaurantezalacain.com

Eines der besten (und teuersten) Restaurants Spaniens mit baskischer und französischer Nouvelle Cuisine. Sa mittags und So geschl. ●●●

■ **Jockey**

Amador de los Ríos, 6, Ⓜ **Colón**

Tel. 913 19 10 03

Nobeladresse mit Tradition; englisches Interieur und spanische Küche mit internationalem Einschlag. So geschl. ●●●

■ **Santceloni**

Paseo de la Castellana, 57

Ⓜ **Gregorio Marañón**

Tel. 912 10 88 40

www.restaurantesantceloni.com

Madrider Niederlassung des katalanischen Starkochs Santi Santamaria im Hotel Hespería; moderne und kreative Spitzenküche.

■ **Julián de Tolosa**

Cava Baja, 18, Ⓜ **La Latina**

Tel. 913 65 82 10

Baskisch-navarresische Küche; zum exzellenten Fleisch werden feine Gemüsebeilagen wie z.B. *pimientos al piquillo* gereicht. So geschl. ●●

Typisch Madrid

■ **La Bola**

Bola, 5, Ⓜ **Santo Domingo**

Tel. 915 47 69 30

Schmuckes Altstadtlokal, legendär der *cocido* aus dem Tonkrug. So geschl. ●●

■ **Botín**

Cuchilleros, 15–17, Ⓜ **Sol**

Tel. 913 66 42 17

Das älteste und bekannteste Lokal der Stadt. Kastilische Spezialitäten, z.B. *cochinillo asado* (Spanferkelbraten). ●●

■ **Carmencita**

Libertad, 16, Ⓜ **Chueca**

Tel. 915 31 66 12

In García Lorcas Stammlokal (gegründet 1850) speist man auf karierten Tischdecken u.a. feine *merluza* (Seehecht) auf baskische Art. ●●

■ **Casa Ciríaco**

Mayor, 84, Ⓜ **Sol**

Tel. 915 48 06 20

Noch ein Klassiker: Künstler- und Politikertreff am Rathaus; Hausmannskost, Spezialität: *pepitoria de gallina* (Hühnerfrikassee). Mi geschl. ●●

■ **Casa Paco**

Puerta Cerrada, 11, Ⓜ **Sol**

Tel. 913 66 31 66

In der 1870 gegründeten Taverne werden die Fleischgerichte in großen Portionen serviert. So geschl. ●●

■ **Casa Lucio**

Cava Baja, 35, Ⓜ **La Latina**

Tel. 913 65 32 52

Klassische kastilische Küche wird hier serviert; ohne Reservierung hat man keine Chance, hier zu speisen. Sa mittags geschl. ●●

■ **El Puchero**

Larra, 13, Ⓜ **Bilbao**

Tel. 914 45 05 77

Deftige *comida casera* (Hausmannskost), diverse Schmor- und Eintopfgerichte; äußerst populär (So geschl.). ●●

■ **La Taberna del Alabardero**

Felipe V., 6, Ⓜ **Ópera**

Tel. 915 47 25 77

Im vorderen Bereich gibt es Tapas und kleine Gerichte. Im Restaurant im hinteren Teil steht gehobene nordspanische Küche auf der Karte. ●●

■ **Casa Mingo**

Paseo de la Florida, 2, Ⓜ Príncipe Pío
Tel. 915 47 79 18

Asturischer Apfelwein *(sidra)* vom Fass, Brathuhn und *chorizo.* Laut, populär, lustig. Keine Reservierungen. ●

■ **Malacatín**

Ruda, 5, Ⓜ La Latina
Tel. 913 65 52 41

Rustikale Altstadttaverne mit unbezwingbaren Portionen des vielleicht besten *cocido* der Stadt. Nur mittags geöffnet. ●

■ **Viuda de Vacas**

Cava Alta, 23, Ⓜ La Latina
Tel. 913 66 58 47

Einfache Taverne, junges Publikum. Spezialität: *rabo de toro* (Stierschwanz). Do und So abends geschl. ●

Internationales

■ **La Vaca Argentina**

Bailén, 20, Ⓜ La Latina
Tel. 913 65 66 54

Nichts für Vegetarier: Argentinische Steaks kommen frisch aus der Pampa auf den Grill. ●●

■ **La Herradura**

Montserrat, 32, Ⓜ San Bernardo
Tel. 915 42 39 36

Vorzügliche mexikanische Küche, z.B. pikantes Steak à la Tampico, feine *fajitas* und *tacos*. ●●

■ **Habana Mía**

Concepción Arenal, 6, Ⓜ Callao
Tel. 915 31 91 89

Arroz frito, gebratene Bananen, Daiquirís etc., Fr und Sa mit kubanischer Livemusik. ●●

■ **Al-Mounia**

Recoletos, 5, Ⓜ Banco de España
Tel. 914 35 08 28

Die vielleicht beste marokkanische Küche diesseits von Gibraltar. ●●

Aus Spaniens Regionen

■ **O'Pazo**

Reina Mercedes, 20, Ⓜ Nuevos Ministerios, Tel. 915 53 23 33.

Kantabrisch-galicische Fischküche auf höchstem Niveau. So geschl. ●●●

■ **La Atalaya**

■ **Joaquín Costa, 31, Ⓜ Rep. Argentina, Tel. 915 62 87 45.**

Alles aus Kantabrien: Lecker schmecken z.B. *anchoas* (Sardellen) oder *lubina* (Wolfsbarsch). ●●

■ **La Alpujarra**

Pl. del Perú, 4, Ⓜ Colombia, Tel. 913 45 50 12.

Andalusische Spezialitäten wie *pescadito frito* (frittierte Fische). ●●

■ **Extremadura**

Libertad, 13, Ⓜ Banco de España, Tel. 915 31 89 58.

Caldereta de cordero (Lammragout) und Schinken aus der Extremadura. Mo und So abends geschl. ●●

■ **Casa Parrondo**

Trujillos, 4 und 9, Ⓜ Ópera, Tel. 915 22 62 34.

Tapas-Lokal und Restaurant, kitschig eingerichtet, aber solide; asturische Köstlichkeiten. ●●

■ **El Caldero**

Huertas, 15, Ⓜ Sol, Tel. 914 29 50 44.

Gerichte der Region Murcia, z.B. Reis-Fisch-Eintopf. So und Mo abends geschl. ●●

■ **La Paella de la Reina**

Reina, 39, Ⓜ Chueca, Tel. 915 31 18 85.

Mittelmeerküche aus València und Katalonien, u.a. empfehlenswerte Reisgerichte. ●●

■ **A Brasileira**

Pelayo, 49, Ⓜ Alonso Martínez

Tel. 913 08 36 25

Feijoada, Fisch und Fleisch auf brasilianische Art. ●

Tapas, Wein und Bier

■ **Taberna de Antonio Sánchez**

Mesón de Paredes, 13

Ⓜ Tirso de Molina

Vom Stierkämpfer gleichen Namens gegründet; ein Treffpunkt für Liebhaber des spanischen Nationalsports. Ausgezeichnetes Stierschwanzragout *(rabo de toro).*

■ **La Dolores**

Pl. de Jesús, 4, Ⓜ Atocha

Hell und freundlich, ausgezeichnete marinierte Sardellenfilets; nicht ganz billig.

■ **El Brillante**

Glorieta del Emperador Carlos V., 8

Ⓜ Atocha

Riesenauswahl an köstlichen und preiswerten belegten Broten *(bocadillos),* ständig Hochbetrieb.

■ **Casa Antonio**

Latoneros, 10, Ⓜ Sol

Authentische *taberna* mit viel Lokalkolorit; *callos, champiñones* und mehr.

■ **La Trucha**

Manuel Fernández Gonzalez, 3

Ⓜ Sol

Sehr gute Gemüse- und Fisch-Tapas. Tipp: *alcachofas a la plancha* (Artischocken).

■ **Casa Labra**

Tetuán, 12, Ⓜ Sol

Gründungsort des sozialistischen PSOE (1879); Spezialitäten: *bacalao* (Stockfisch) und *croquetas* (Kroketten).

■ **Cervecería Alemana**

Pl. Santa Ana, 6, Ⓜ Sol

1904 von deutschen Auswanderern gegründet. Beliebt als erste Station nächtlicher Streifzüge.

■ **Almendro 13**

Almendro, 13, Ⓜ La Latina

Junges Publikum, uriges Ambiente; Tapas, wie man sie nicht überall bekommt.

■ **Teatriz**

Hermosilla, 15, Ⓜ Serrano

Schicke Designerbar und Restaurant in einem von Philippe Starck umgebauten Theater.

Küche der Regionen

Die spanische Küche ist eine Küche der Regionen; in den Restaurants der Hauptstadt kann man sich problemlos einmal quer durchs ganze Land probieren. Besonders hoch im Kurs: Fisch und Meeresfrüchte von der Nordküste, die fangfrische Ware erreicht Madrid über Nacht. Wegen ihrer feinen Fischküche erfreuen sich primär baskische, galicische und asturische Restaurants eines hervorragenden Rufs. Zu den begehrtesten Kreationen gehören *merluza a la gallega* (geschmorter Seehecht), *besugo al horno* (Seebrasse), *bacalao al pil-pil* (getrockneter Kabeljau in Pfeffersoße), *pulpo a feira* (gekochte Seekrake) oder *gambas al ajillo* (Garnelen in Knoblauchöl). Ebenso selbstverständlich findet man auf den Speisekarten die Reisgerichte der Mittelmeerregion; nach dem Call-a-Pizza-Prinzip lässt man sich die valencianische Reispfanne sogar als Telepaella ins Haus kommen.

Cafés

■ **Café del Círculo de Bellas Artes**
Alcalá, 42, Ⓜ Banco de España
Auch für Nichtmitglieder des Kulturvereins (1 € Eintritt), herrlich altmodisch ❯ S. 108.

■ **Café Comercial**
Glorieta de Bilbao, 7, Ⓜ Bilbao
In Würde gealtertes Traditionshaus,
Treff der Nachtschwärmer Malasañas.

■ **Café Gijón**
Paseo de Recoletos, 21
Ⓜ Banco de España
Klassiker der Literatentreffs ❯ S. 102.

■ **Café de Oriente**
Pl. de Oriente, 2, Ⓜ Ópera
Stilvolles Belle-Epoque-Café am Teatro
Real.

■ **Nuevo Café Barbieri**
Ave María, 45, Ⓜ Lavapiés
Würdiges Kaffeehaus mit Patina und
umso jüngerem alternativem Publikum.

■ **Café del Español**
Príncipe, 25, Ⓜ Antón Martín
Roter Samt, feine Cocktails und erlese-
ne Tapas in einem schönen Saal im
Teatro Español.

Shopping

Bei brütender Sommerhitze ist es
angenehm, in klimatisierten
Ladengalerien oder im Kaufhaus
herumzustöbern. Die Mode-
boutiquen von Armani bis Yves
Saint-Laurent liegen im Viertel
Salamanca, an der Calle de Serrano, Calle Ortega y Gasset und
Calle Goya. Eine populäre Ein-
kaufsgegend liegt zwischen Gran
Vía und Puerta del Sol, vor allem
die autofreien Straßen Calle de
Preciados und Calle del Carmen.
Traditionsgeschäfte und originelle Kramläden findet man gehäuft
im Zentrum nahe der Plaza Mayor
sowie in den Stadtteilen Huertas
und Lavapiés.

Die beste Zeit für attraktive
Sonderangebote *(rebajas)* aller
Art liegt zwischen Ende Juni und
Mitte Juli, kurz bevor der
allgemeine Aufbruch in die
Sommerfrische stattfindet.

Antiquitäten / Kunsthandwerk

Trödel, Kitsch und Kunsthandwerk,
Ausgefallenes oder Antikes bietet
jeden Sonntag der **Flohmarkt Rastro**
❯ S. 99. Kunst und Antiquitäten kann
man dort auch in der Woche bei vielen
Händlern kaufen, ebenso entlang der
Calle del Prado.

■ **Amieva México Antigüedades**
Huertas, 17, Ⓜ Sol
Tel. 914 29 94 76
In dem Antiquariat findet man neben
Büchern auch Stiche und Radierungen.

■ **Galerías Piquer & Nuevas Galerías**
Ribera de Curtidores, 12 bzw. 29
Ⓜ La Latina
Verschiedene Läden zum Stöbern und
Staunen, mitten im Rastro-Viertel. Wer
den Stil der 1920er-Jahre liebt, findet
hier Art-déco-Objekte im **Siglo 20.**

■ **Almirante 23**
Almirante, 23, Ⓜ Chueca
Alte Postkarten, Fotografien, Plakate,
Kuriositäten.

■ **El Arco de los Cuchilleros**
Pl. Mayor, 9, Ⓜ Sol
Traditionelle Keramik, Porzellan,
Silberschmuck.

■ **El Caballo Cojo**
Segovia, 7, Ⓜ Sol
Spanische Volkskunst, Keramik, Glas
und vieles mehr.

Galerien

■ **Soledad Lorenzo**
Orfila, 5, Ⓜ Colón
Tel. 913 08 28 87
www.soledadlorenzo.com
Eine der führenden Galerien der
Stadt, die sich der spanischen
und internationalen Avantgarde
widmet.

■ **Antonio Machón**
Conde de Xiquena, 8, Ⓜ Chueca
Tel. 915 32 40 93
www.antoniomachon.com
Werke etablierter Künstler der
spanischen Moderne.

■ **La Fábrica**
Alameda, 9, Ⓜ Atocha
Tel. 913 60 13 25
www.lafabricagaleria.com
Aktuelle spanische Fotografie, Skulptur
und Grafik.

Musik

■ **El Flamenco Vive**
Conde de Lemos, 7, Ⓜ Ópera
Tel. 915 47 39 17
www.elflamencovive.es
CDs, Bücher, Noten – alles rund um
den Flamenco.

■ **Félix Manzanero**
Santa Ana, 12, Ⓜ La Latina
Tel. 913 66 00 47
www.guitarrasmanzanero.com
Renommierter spanischer Gitarren-
bauer.

Feinkost und Flüssiges

■ **Lhardy**
Carrera de San Jerónimo, 8, Ⓜ Sol
Vornehmes Delikatessengeschäft, mit
Restaurantbetrieb (●●●).

■ **Mariano Madrueño**
Postigo de San Martín, 3
Ⓜ Santo Domingo
Seit 1895 Depot für Weine, Liköre,
Schnäpse und Hochprozentiges.

■ **Almacén de Licores David Cabello**
Cervantes, 6, Ⓜ Antón Martín
Typische Bodega; das aktuelle Wein-
und Schnapsangebot wird auf Kreide-
tafeln angeschrieben.

■ **Patrimonio Comunal Olivarero**
Mejía Lequerica, 1, Ⓜ Chueca
Feinstes Olivenöl aus allen spanischen
Regionen.

■ **La Violeta**
Pl. de Canalejas, 6, Ⓜ Sol
Winziger Laden ganz in Lila, passend
zum Sortiment: kandierte Veilchen-
blätter und Veilchenpastillen.

■ **Pastelería El Riojano**
Calle Mayor, 10, Ⓜ Sol
Die stadtbekannte Konditorei gibt es
schon seit 1855.

■ **Palacio de los Quesos**
Calle Mayor, 53, Ⓜ Sol
Alle Käsesorten Spaniens sind hier zu
bekommen, dazu gibt es die richtigen
Weine.

■ **Museo del Jamón**
z.B. Gran Vía, 70, Ⓜ Pl. de España
Bar, Restaurant und Feinkostladen in
einem; viele Filialen. Vorzügliche
Schinkenspezialitäten.

Echt Madrid

■ **Casa de Diego**
Puerta del Sol, 12, Ⓜ Sol
Fächer, Stöcke, Schirme. Motto seit
1858: »Morgen regnet es!«

Jámon, jámon: Schinken und Würste – die Madrilenen lieben gutes Essen

■ **Casa Yustas**
Pl. Mayor, 30, Ⓜ Sol
Bringt einen spielend unter die Haube,
die auch ein Hut, eine Kappe, Mütze
oder *boina* (Baskenmütze) sein kann.

■ **Seseña**
Cruz, 23, Ⓜ Sol
Capas (runde Umhänge aus den wär-
menden Stoffen Flanell und Filz) nach
Maß für die Dame und den Herrn.

■ **Plata Joyas López**
Prado, 3, Ⓜ Sol
Traditionelles Silberhandwerk in riesi-
ger Auswahl für jede Gelegenheit.

■ **Corsetería La Latina**
Toledo, 49, Ⓜ La Latina
Ein Unikum (seit 1925): Dessous und
Korsette, ausschließlich für Damen mit
Rubensmaßen.

■ **Guantes Luque**
Espoz y Mina, 3, Ⓜ Sol
Handschuhe; auf Wunsch werden auch
Maßanfertigungen hergestellt.

■ **Casa Jiménez**
Preciados, 42, Ⓜ Callao
Fächer, *mantillas* (Spitzenschleier) und
mantones de manila (Schulter- und
Brusttücher).

Mode

■ **Ekseption**
Velázquez, 28, Ⓜ Velázquez
Schön gestylter Laden, Designermode
für Señoras und Señores.

■ **Sybilla**
Jorge Juan, 12, Ⓜ Retiro
Eine der führenden spanischen Desig-
nerinnen für Damenmode. Edel, aber
auch nicht ganz preiswert.

■ **Adolfo Domínguez**
Serrano, 18, Ⓜ Serrano
Moderne Herrenmode: klare Linien,
stolze Preise.

■ **Zara**
**u.a. Carretas, 6, und Preciados, 20
Ⓜ Sol**

Madrider Märkte

Spanische Märkte sind wie ein Frontalangriff auf alle Sinne: laut, bunt, duftend. Selbst wer nichts kauft, bekommt ein appetitanregendes Unterhaltungsprogramm geboten. Die Madrider Stadtteilmärkte sind Mo–Sa 9–14 Uhr geöffnet.

■ San Miguel
Pl. de San Miguel, Ⓜ Sol.
Der schönste: Hinter der Glas- und Gusseisenfassade aus dem 19. Jh. gibt es vor allem Obst und Gemüse zu kaufen.

■ Antón Martín
Santa Isabel, 5, Ⓜ Antón Martín
Typisch Lavapiés: Ein wenig lässig, bodenständiges Publikum, freundliche Atmosphäre – hier kennt man sich eben noch …

■ Maravillas
Bravo Murillo, 122, Ⓜ Alvarado oder Cuatro Caminos
Madrids größter Markt in einem sehenswerten Bau von 1942 – wer Fisch und Meeresfrüchte sucht, ist hier genau richtig.

■ Los Mostenses
Pl. de los Mostenses s/n Ⓜ Pl. de España
Der Multikulti-Markt im Viertel Malasaña: Hier findet man auch asiatische und lateinamerikanische Lebensmittel.

■ La Paz
Ayala, 28, Ⓜ Serrano
Die Luxusausführung: Kaviar, *foie gras,* Trüffel, feinste Schinken und Weine – alles mit Opulenz und Eleganz dargeboten. Nicht verpassen: Die exzellente Käseauswahl bei »La Boulette« (Stand Nr. 63)!

Ladenkette für junge Mode zu moderaten Preisen.

■ La Barfumería
Conde de Aranda, 4, Ⓜ Retiro
Die »Parfüm-Bar« bietet eine riesige Auswahl an Düften zum Ausprobieren und Kombinieren.

Schuhe und Leder

■ Camper
Serrano, 24, Ⓜ Serrano
Der moderne spanische Klassiker für Sie und Ihn.

■ Lotusse
El Jardín de Serrano, Goya, 6 Ⓜ Serrano
Klassisch schöne Ware für Männer und Frauen.

Kaufhäuser

■ El Corte Inglés
Preciados, 3, Ⓜ Sol

■ FNAC
Preciados, 28, Ⓜ Gran Vía
Medien-Kaufhaus mit enormer Auswahl.

■ VIPS
14 Filialen, u.a. Gran Vía, 42 Ⓜ Callao
Presse, Bücher, CDs, Geschenke und anderes, bis 3 Uhr nachts geöffnet.

Ladenzentren

■ ABC Serrano
Serrano, 61, Ⓜ Núñez de Balboa
Kleines, aber feines Shoppingcenter mit Bar-Restaurant auf der Dachterrasse.

■ La Vaguada
Monforte de Lemos, 36 Ⓜ Barrio del Pilar
Das größte Einkaufzentrum – etwas außerhalb, aber gut erreichbar. 450 Geschäfte unter einem Dach.

Am Abend

Madrid me mata – »Madrid bringt mich noch um«, der dramatische Stoßseufzer aus Zeiten der legendären Movida, der wilden Szene der 1980er-Jahre, hat noch immer seine Berechtigung. Wo sonst in Europa kann man schon um 4 Uhr morgens im Stau stehen? Ständig auf der Suche nach dem ultimativen Nightlife-Erlebnis strömen nicht nur die Jugendlichen bevorzugt von Donnerstag bis Samstag auf die nächtlichen Straßen, am liebsten gruppenweise (Motto: *¿Adónde vamos?* – »Und wohin jetzt?«) und bis zum Sonnenaufgang. Die Hauptsache beim Ausgehen heißt *mucha marcha,* viel Spaß, Kommunikation, Flirt – und immer unterwegs bleiben. Als Ausgangspunkt für nächtliche Streifzüge eignen sich die *cervecerías* an der Plaza Santa Ana, die *terrazas* entlang der Castellana oder die *tascas* und *tabernas* im Dichterviertel Huertas, wo man sich stärkt, bevor die Tour de force durch Bars, Klubs und Diskos losgehen kann.

Neben Amüsement und Zerstreuung bietet das Madrider Nachtleben aber auch Kulturgenuss in allen Spielarten. Oper, Zarzuela, Theater, Kabarett, Konzerte von Klassik über Jazz, Salsa bis Rock und Punk; Ballett, Tanz oder Flamencoshow sowie Kino in monumentalen Sälen – wer sich da noch langweilen sollte, ist selber schuld.

Info

Einen Überblick über die Veranstaltungen geben die freitags erscheinende Zeitschrift »Guía del Ocio« (www.guiadelocio.com) und das kostenlose Monatsprogramm »Qué hacer – What's on«, das in Hotels und Touristenbüros ausliegt.

■ **Kartenvorverkauf: Caja de Cataluña, Tel. 902 10 12 12, www. telentrada.com.** Bezahlung per Kreditkarte, Hinterlegung an der Kasse.

Oper, Theater, Ballett

■ **Teatro Real**
Pl. de Oriente, 4, Ⓜ Ópera
Tel. 902 24 48 48
www.teatro-real.com
Eines der größten und schönsten Opernhäuser Europas.

■ **Teatro Español**
Príncipe, 25, Ⓜ Sol
Tel. 913 60 14 80
www.esmadrid.com/teatroespanol
Klassisches und modernes Sprechtheater.

Auf den Straßen ist immer was los

■ **Teatro de la Zarzuela**
Jovellanos, 4, Ⓜ Banco de España
Tel. 915 24 54 10
http://teatrodelazarzuela.mcu.es
Von Januar bis Juli stehen Oper und
Ballett auf dem Programm, von Okto-
ber bis Dezember Zarzuelas.

■ **Teatro Albéniz**
Paz, 11, Ⓜ Sol
Tel. 915 31 83 11
Renommiertes Schauspielhaus der
Comunidad de Madrid.

■ **Sala Triángulo**
Zurita, 20, Ⓜ Lavapiés
Tel. 915 30 68 91
www.teatrotriangulo.com
Eines der besten unabhängigen
Theater Madrids.

■ **Gran Vía**
Gran Vía, 66, Ⓜ Pl. de España
Tel. 915 41 55 69
www.gruposmedia.com
Populäre Musicalbühne, bekannt für
aufwendige Produktionen.

Konzertsäle

■ **Auditorio Nacional de Música**
Príncipe de Vergara, 146
Ⓜ Cruz de Rayo
Tel. 913 37 01 39/40
www.auditorionacional.mcu.es
Das Auditorio ist das Stammhaus des
Nationalorchesters.

■ **Teatro Monumental**
Atocha, 65, Ⓜ Antón Martín
Tel. 915 24 54 10
Symphonieorchester von Radio Televi-
sión Española.

Jazz und Latin

■ **Café Central**
Pl. del Ángel, 10, Ⓜ Sol
Schönes Lokal im Kaffeehausstil,
internationales Programm.

■ **Café Populart**
Huertas, 22, Ⓜ Antón Martín
Im Café Populart stehen jeden Abend
ab 22 Uhr Jazz und Blues live auf dem
Programm.

■ **Clamores**
Albuquerque, 14, Ⓜ Bilbao
Neben Jazz- und Folkbands treten spa-
nische Liedermacher auf.

■ **Oba-Oba**
Jacometrezo, 4, Ⓜ Callao
Salsa und Ethno live sowie andere
Musikrichtungen.

Klubs und Diskos

■ **Gabana 1800**
Velázquez, 6, Ⓜ Goya

Mit kaum einer Großstadt zu

Nobeldisko mit einem anspruchsvollen Türsteher. Die Nummer eins der Stadt.

■ Joy Madrid
Arenal, 11,  Sol
Disko in ehemaligem Varietétheater, kleine Showeinlagen auf der Bühne; das Publikum ist kosmopolitisch.

■ Pachá
Barceló, 11, Tribunal
Madrids berühmteste Diskothek: gut gelauntes Partyvolk, Ibiza-Sound.

■ Palacio de Gaviria
Arenal, 9, Ⓜ Sol
www.palaciogaviria.com
Samt, Spiegel und Parkett prägen das Interieur dieser Disko für Paartänzer.

Salsa bildet einen der musikalischen Schwerpunkte. Sehenswert!

■ Kapital
Atocha, 125, Ⓜ Atocha
Megadiskothek auf sieben Etagen, mit Kino, Karaoke und allerlei Extras, wie Laserstrahlern und Gogo-Tänzern für die jungen Leute.

■ La Riviera
Paseo Bajo de la Virgen del Puerto s/n, Ⓜ Príncipe Pío
Livekonzerte aller Art und Diskothek. Sonntags ist Salsa-Tag.

■ Palace
Pl. Isabel II., 7, Ⓜ Ópera
Kurioser Tanzpalast mit Orchester und Tischtelefonen für Kontaktfreudige.

vergleichen: In den Madrider Bars und Klubs wird die Nacht zum Tag

■ **Siroco**

San Dimas, 3

Ⓜ **Noviciado**

Rock- und Jazzbühne mit alternativem spanischen Programm.

Flamencobühnen (Tablaos)

■ **Casa Patas**

Cañizares, 10, Ⓜ Antón Martín

Tel. 913 69 04 96

www.casapatas.com

Viele Kenner der Szene, die Stimmung erreicht erst weit nach Mitternacht ihren Höhepunkt (Eintritt 27 €).

■ **Corral de la Morería**

Morería, 17, Ⓜ Ópera

Tel. 913 65 84 46

www.corraldelamoreria.com

Die Tänzerin des Hauses, Rosario C. La Charola, ist eine bekannte Größe (Dinner mit Show 70 €).

■ **Torres Bermejas**

Mesonero Romanos, 11, Ⓜ Callao

Tel. 915 32 33 22

www.torresbermejas.com

Musikalisch überzeugend, pseudomaurisches Interieur (Dinner mit Show 70 €).

■ **Cardamomo**

Echegaray, 5, Ⓜ Sol

Tel. 913 69 07 57

www.cardamomo.es

Intimer Rahmen, Auftritte bis spät in die Nacht.

■ **Clan**

Ribera de Curtidores, 30

Ⓜ **Puerta de Toledo**

Tel. 915 28 84 01, www.osclan.com

Alternative Kneipe & Restaurant, Fr, Sa ab 1 Uhr Flamenco & Fusion live.

■ **Torero**

Cruz, 26, Ⓜ Sevilla

Disko im Retro-Look, Musik aus den 1970er-Jahren.

■ **Galileo Galilei**

Galileo, 100, Ⓜ Argüelles

Buntes Kulturprogramm (Livemusik, Theater, Kabarett), mit Barbetrieb.

■ **El Sol**

Jardines, 3, Ⓜ Gran Vía

Interessante Musikbühne; unkonventionelles Programm.

■ **Ananda**

Av. Ciudad de Barcelona s/n (Estación de Atocha), Ⓜ Atocha

www.ananda.es

Schicke Party-Terrasse im Indien-Look. Ananda heißt übrigens »Lebensfreude« auf Sanskrit.

■ **The Room Club**

Arlaban, 7, Ⓜ Sevilla

www.theroomclub.com

Elektronische Musik, »Future Jazz« und eine Tanzfläche wie aus einem 1970er-Jahre-Raumschiff.

■ **Suite**

Virgen de los Peligros, 4, Ⓜ Sevilla

www.suitecafeclub.com

Bar, Café und Diskothek auf zwei Ebenen, im Sommer kleine Terrasse.

Bars und Pubs

■ **Los Gabrieles**

Echegaray, 17, Ⓜ Sol

Herrlicher Kachelschmuck, gute Musik, ein Muss.

■ **Viva Madrid**

Manuel Fernández González, 7

Ⓜ **Sol**

Ungeheuer populär bei Madrilenen wie Touristen, viel Patina und gute Laune; nicht billig.

■ **Villa Rosa**

Pl. de Santa Ana, 15, Ⓜ Sol

Azulejos-verzierte Musikbar (bis 5 Uhr früh geöffnet).

■ Cock
Reina, 16, Ⓜ Gran Vía
Legendär seit Buñuel, früher Bordell, heute Trend-Bar mit Marmorkamin, Säulen und hohen Decken; teuer.

■ Chicote
Gran Vía, 12, Ⓜ Gran Vía
www.museo-chicote.com
Soll die Stammbar Hemingways gewesen sein. Gute Cocktails; Einrichtung schafft musealen Rahmen.

■ Tupperware
Corredera Alta de San Pablo, 26
Ⓜ Tribunal
Postmoderne Diskobar im Psychedelic-Look.

■ Pepe Botella
San Andrés, 12, Ⓜ Tribunal
Uralte Bar an der Plaza de Mayo, dunkles Holz, gemischtes Publikum, vorwiegend aus dem Viertel.

Sonstige Attraktionen

■ Casino Gran Madrid
Ctra. La Coruña, km 29
Roulette, Black Jack und Disko. Geöffnet 16–5 Uhr. Shuttlebus ab Ⓜ Pl. de España.

■ Hipódromo de la Zarzuela
Ctra. La Coruña, km 7,8
Im Sommer werden nächtliche Pferderennen veranstaltet (Sa, So 22.30 bis 2 Uhr), *terrazas* und Livemusik; Shuttlebus ab Ⓜ Moncloa.

■ Scala
Hotel Meliá Castilla, Capitán Haya, 43, Ⓜ Cuzco
Aufwendige Dinnershows im Moulin-Rouge-Stil.

■ Chocolatería San Ginés
Pasadizo de San Ginés, 5 (neben dem Joy Madrid), Ⓜ Sol
Der klassische Schlusspunkt: wunderbare *churros*, heiße Schokolade (bis 7Uhr früh geöffnet).

Im Restaurant Corral de la Morería kochen die Stimmung und die Emotionen, wenn mit Leidenschaft Flamenco getanzt wird

Land & Leute

Steckbrief][Geschichte im Überblick][
Die Menschen][Kunst und Kultur][
Feste und Veranstaltungen

Madrid

Kultur: 78 Museen, 87 Kunstgalerien, 59 Theater, 65 Kinos.

Tourismus: 6 Mio. Gäste (2006), davon 60 % Geschäftsreisende. Hotelbetten: 75 000, davon 60 % im Vier- und Fünfsternesektor; Hostales und Pensiones: ca. 1900 Betriebe.

Flughafen: Barajas, 52 Mio. Passagiere pro Jahr

Landesvorwahl: 00 34

Währung: Euro

Zeitzone: MEZ (mit Sommerzeit)

Status: Hauptstadt von Spanien sowie der Autonomen Region Madrid.

Lage: 650 m über dem Meer; Entfernung nach Barcelona 621 km, nach Sevilla 538 km.

Fläche: 7995 km² (Comunidad Autónoma), 606 km² (Stadtgebiet).

Einwohner: 5,6 Mio. (13 % der spanischen Gesamtbevölkerung) leben in der Region; 3,1 Mio. im eigentlichen Stadtgebiet.

Lage

Madrid liegt mitten in der Kastilischen Hochebene *(Meseta)* und damit im Zentrum Spaniens. Mit durchschnittlich 650 m ü. d. Meer ist Madrid (nach Andorra) Europas höchstgelegene Hauptstadt, durch deren Altstadt die Straßenzüge in sanftem Auf und Ab verlaufen. Eine Art Terrasse bildet nur der Abhang über dem Río Manzanares, über dessen mickrige Erscheinung sich die Madrilenen gern mokieren: Der wasserarme Fluss sei von der chronischen Steinkrankheit, *mal de piedra,* befallen. Zahlreiche Grünanlagen machen beinahe 50 % der Stadtfläche aus. Die vielen breiten, von Bäumen flankierten Boulevards und Straßen geben den neueren

Stadtvierteln Madrids einen weitläufigen, fast luftigen Charakter.

Staat und Politik

Traditionell regiert das Staatsoberhaupt, König Juan Carlos I., im Palacio de la Zarzuela (Bosques del Pardo). In Madrid tagen beide Kammern des Parlamentes *(cortes generales),* der Senat und das Abgeordnetenhaus. Der Regierungschef, alle Ministerien und die oberste Gerichtsbarkeit haben im Moncloa-Viertel ihren Sitz.

Der einst streng zentralistische Staat hat sich zum pluralistischen gewandelt: Madrid ist Hauptstadt, jedoch als Region ist es nur eine von 17 Autonomiegemeinschaften *(Comunidades Autónomas)* mit eigener Regierung und eigenen Kompetenzen, z.B. in den Bereichen Erziehung, Kultur und Tourismus. Madrid ist in 179 Gemeinden *(municipios)* gegliedert, von denen die kleinste (Madarcos/Sierra de Guadarrama) 33 und die größte (Stadt Madrid) 3,1 Mio. Einwohner zählt. Die Gemeinde Madrid selbst besteht aus 21 Bezirken.

Stärkste politische Kraft in Spanien ist seit 2004 der PSOE (Partido Socialista Obrero Español) unter Ministerpräsident José Luis Zapatero, der den Konservativen José Maria Aznar ablöste. Der Sieg Zapateros steht in Zusammenhang mit den Terroranschlägen auf Madrider Nahverkehrszüge am 11. März 2004. Aznar gab den baskischen Separatisten der ETA Schuld an dem Massaker. Indizien, die für die Urheberschaft der Al-Qaida sprachen, ließ die Regierung zunächst nicht gelten – Aznar hatte Spaniens Beteiligung am Irakkrieg durchgesetzt und bangte nach dem Attentat um den Wahlerfolg. Die Spanier reagierten prompt auf den Manipulationsversuch und wählten Aznar ab. Zapatero, der sanfte Reformer, erfreut sich großer Popularität; 2008 wurde er wiedergewählt. Auf dem Programm seiner Regierung stehen auch Tabuthemen wie Scheidungsrecht, häusliche Gewalt, Homo-Ehe und Abtreibung.

Auf regionaler und kommunaler Ebene ist die konservative PP weiterhin erfolgreich, sie stellt die Präsidentin der Autonomen Region und den Bürgermeister der Stadt Madrid.

Wirtschaft

Madrid erwirtschaftet 19 % des spanischen Bruttoinlandsprodukts. Der Dienstleistungssektor macht rund 74 % der Wirtschaftsleistung aus. Wichtig sind auch Baubranche, Banken und Handel.

Die Wirtschaft blühte in den vergangenen 10 Jahren wie lange nicht mehr. Der private Konsum wuchs, die Infrastruktur zählt dank EU-Förderung zu den besten in Europa. In der lebenslustigen Hauptstadt sitzt das Geld locker: Einkaufszentren boomen, Restaurants und Bars sind gut gefüllt. Zuletzt allerdings ist angesichts von Bankenkrise und steigender Inflation von Rezession die Rede.

Ein soziales Nord-Süd-Gefälle kennzeichnet die Stadt. Wer es sich leisten kann, lebt im Boutiquen-Viertel Salamanca. Mittelschicht-Familien richten sich im nördlichen Umland im Reihenhäuschen *(chalé)* ein. In den Altbauten von Malasaña oder Lavapiés wohnt die untere Mittelklasse, aber auch Studenten und Neubürger aus Marokko oder Lateinamerika finden dort günstige Wohnungen.

Geschichte im Überblick

Frühzeit Bereits um 25 000 v. Chr. siedelten halbnomadische Acker-bauern in der Gegend von Madrid. Ab 900 v. Chr. vermi-schen sich in Zentralspanien die den nordafrikanischen Berbern verwandten Iberer mit keltischen Völkern aus dem Nordosten (»Keltiberer«). Weder unter rö-mischer Herrschaft (50 v. Chr. bis 4. Jh. n. Chr.) noch während der westgotischen Ära (ca. 400 bis 711 n. Chr.) ist eine größere Ort-schaft an der Stelle des heutigen Madrid nachzuweisen. Die West-goten wählen Toledo als Haupt-stadt.

711 Beginn der arabisch-berberi-schen Invasion der Halbinsel bis zum Río Duero nördlich von Madrid; Córdoba wird die Hauptstadt des Maurenreichs.

852–886 Mohammed I. lässt zum Schutz Toledos an der Stelle des jetzigen Madrider Königspalastes eine Burg *(alcázar)* erbauen. Das ummauerte Burgdorf *(medina)* wird Majrit (»Stadt der vielen Wasser«) genannt.

9.–10. Jh. In Süd- und Zentral-spanien führt die Herrschaft der religiös toleranten Mauren zu kulturellem und wirtschaftlichem Aufschwung; in den nördlichen Königreichen formiert sich hin-gegen zunehmend christlicher Widerstand.

1085 Nach der Aufsplitterung des maurischen Reiches in isolierte Fürstentümer wird Madrid durch Alfonso VI. von Kastilien-León eingenommen.

1109 Eine Belagerung Madrids durch Berberfürst Ali Ibn Jusuf scheitert, weil unter seinen Solda-ten die Pest ausbricht.

1202 Alfonso VIII. spricht Mad-rid Sonderrechte *(fueros)* zu und erhebt das Dorf zum Marktfle-cken mit teilweiser Selbstverwal-tung.

1309 Unter Fernando IV. tagt das kastilische Ständeparlament *(Cortes de Castilla)* in Madrid.

1346 Alfonso XI. setzt einen Stadtrat ein. Mehrere kastilische Könige residieren vorübergehend in Madrid.

1469 Die Ehe zwischen Isabella von Kastilien und Ferdinand von Aragón (die »Katholischen Köni-ge«) vereinigt beide Königreiche.

1478 Die Inquisition wird einge-führt.

1492 Granada fällt als letzte mau-rische Bastion; eine systematische Judenverfolgung beginnt.

1516 Unter Carlos I. (als Karl V. deutscher Kaiser) expandiert das spanische Kolonialreich.

1561 Karls Sohn, Felipe II., verlegt seinen Hof von Toledo in das 3000-Seelen-Nest Majrit (Madrid), das so zur Hauptstadt aufsteigt. Die meisten Häuser sind aus Lehm gebaut.

1563 Baubeginn des Klosterpa-lastes El Escorial.

1609 Felipe III. verbannt die muslimische Bevölkerung und

Aufstand gegen Napoleon: Goyas berühmtes Bild hängt im Prado

lässt auf der Plaza Mayor Ketzer-verbrennungen durchführen.

1700 Carlos II., der letzte spanische Habsburger, stirbt kinderlos. Der Spanische Erbfolgekrieg zwischen den österreichischen Habsburgern und den französischen Bourbonen endet 1713 mit dem Frieden von Utrecht. Regent wird Philipp von Anjou als Felipe V., der auch den neuen Madrider Königspalast bauen lässt.

1759–1788 Der Bourbone Carlos III. regiert als aufgeklärter Absolutist, der die Macht der Inquisition beschränkt und die Jesuiten ausweist. Das Stadtbild prägt er durch seinen Hang zum Neoklassizismus; er führt Kanalisation und Straßenbeleuchtung ein.

1808 Napoleon besetzt Spanien und setzt seinen Bruder Joseph als König ein. Am 2. Mai kostet ein Volksaufstand 1500 Einwoh-ner das Leben; die Rebellen werden am 3. Mai hingerichtet. Unabhängigkeitskrieg.

1814–1833 Fernando VII. stellt den Absolutismus wieder her.

1833–1876 Machtkämpfe zwischen Liberalen und Ultrakonservativen. Choleraepidemie in Madrid.

1851 Spaniens erste Eisenbahnstrecke Madrid–Aranjuez wird eröffnet.

1873 Ausrufung der Ersten Republik durch Diktator Emilio Castelar.

1874–1885 Unter König Alfonso XII. erhält Madrid das erste Telefonnetz und Straßenbahnen.

1898 Der Verlust der letzten Überseekolonien führt zu wirtschaftlicher Depression und sozialen Unruhen.

1921 Madrids Metro geht in Betrieb.

König Juan Carlos I.

1923 Militärdiktatur unter General Primo de Rivera, geduldet vom König.

1931 Wahlsieg der Republikaner, Proklamierung der Zweiten Republik. König Alfonso XIII. geht ins Exil.

1936 Wahlsieg der linken Volksfront, die Gesellschaft ist jedoch extrem polarisiert. Putsch der nationalen Falangisten General Francos.

1936–1939 Der Spanische Bürgerkrieg fordert mind. 600 000 Opfer. Fast drei Jahre lang tobt die Schlacht um Madrid.

1939–1975 Diktatur Francos. Die Macht im Land üben Kirche, Militär und Großgrundbesitz aus.

1965–1973 Streiks und Studentenproteste in Madrid.

1975 Nach dem Tod des *Caudillo* wird Spanien zur parlamentarischen Demokratie mit König Juan Carlos I. als Staatsoberhaupt.

1976 »El País« erscheint als erste unabhängige Tageszeitung in Madrid.

1977 Der gemäßigte Konservative Adolfo Suárez wird erster frei gewählter Ministerpräsident.

1979–1986 In der Ära des sozialistischen Bürgermeisters Enrique Tierno Galván erlebt Madrid einen beispiellosen kulturellen Boom.

1981 Der Putschversuch eines Guardia-Civil-Offiziers scheitert.

1982 Die Sozialisten gewinnen die Parlamentswahlen; Beginn der Ära Felipe González, die 1996 endet.

1983 Madrid erhält den Status einer Autonomen Region.

1986 Vollmitgliedschaft Spaniens in der EG.

1992 Madrid ist Kulturhauptstadt Europas.

1996 Der konservative Partido Popular unter José Maria Aznar gewinnt die Parlamentswahlen.

2004 Wahlsieg der Sozialisten unter José Luis Zapatero drei Tage nach den Terroranschlägen am 11. März, denen 192 Menschen zum Opfer fielen.

2006 Bombenanschlag der ETA auf den Madrider Flughafen und damit Ende der Waffenruhe, die die baskischen Separatisten nur neun Monate zuvor proklamiert hatten.

2008 Wiederwahl von Ministerpräsident Zapatero. Spanien wird Fußball-Europameister. Spanair-Katastrophe in Barajas.

2009 Madrid bewirbt sich um die Austragung der Olympischen Spiele 2016.

Die Menschen

Lo que menos hay en Madrid son madrileños, »Was es in Madrid am wenigsten gibt, sind Madrilenen«, sagen die Hauptstädter. Den größten Zuwachs erfuhr Madrid, als Francos Industrialisierungsplan viele Arbeitskräfte in den Provinzen freisetzte. Von 1950 bis 1970 verdoppelte sich die Einwohnerzahl der *Comunidad* von 1,9 auf 4,8 Mio. Eine gegenläufige Tendenz machte sich in den 1990er-Jahren bemerkbar: Junge Familien kehren dem Verkehrschaos und den hohen Mieten den Rücken und ziehen ins Umland. Dadurch wächst Madrid als Großraum kräftig, während die Gemeinde Madrid an Bevölkerung verliert.

Zu ihrer zweiten Heimat machten Madrid auch viele Immigranten aus Lateinamerika, der Karibik und Afrika. Mindestens 130 000 Ausländer wohnen in der Stadt, etwa 30 000 davon illegal. So wie Spanier aus allen Landesteilen ihre Küche, Feste und Bräuche mitbrachten, bereichern inzwischen auch die Einwanderer die Kultur. Wer sich in der aktuellen Musikszene umhört, trifft auf viele Latinos: Kubanische Salsa, kolumbianische Cumbia, Merengue aus der Dominikanischen Republik und Tango vom Río de la Plata gehören längst zum Repertoire der Klubs. Eine ebenso bedeutende Minderheit sind die Zigeuner *(gitanos),* die heute vorwiegend ortsansässig leben.

Wie überall in Spanien, hat sich auch in der Madrider Gesellschaft seit der *transición,* dem Übergang zur Demokratie, viel geändert. So liegt die Geburtenrate derzeit kaum noch höher als in Deutschland. Im

Reger Verkehr – zu Fuß und mit dem Auto – auf den Straßen Madrids

Schwinden begriffen ist auch der Einfluss der früher allmächtigen Kirche. Zwar gehören noch 96 % der Bevölkerung der katholischen Konfession an, aber nur noch ein Drittel der Gläubigen bezeichnet sich selbst als regelmäßige Kirchgänger.

Einen bemerkenswerten Wandel erfuhr auch die traditionelle Rolle der Frau nach 1975. Zu Francos Zeiten durften Ehefrauen ohne Einwilligung ihres Gatten noch nicht einmal ein Bankkonto eröffnen, geschweige denn selbst Geld verdienen; heute beträgt der Frauenanteil an Führungskräften schon fast ein Drittel.

Über das eigentliche Wesen der Madrider Volksseele wird viel spekuliert, auch von den Madrilenen selbst. Sie seien »ein Haufen einfallsreicher Menschen, die das große Wunder zu leben vollbringen und wissen, dass der Witz etwas sehr Ernstes ist«, orakelte etwa Ramón Gómez de la Serna, als Schriftsteller ein passionierter Beobachter seiner Mitmenschen.

Fluchen wie die Katzen

Das alte Kastilien als Herz Spaniens, Madrid als seine Kapitale – wo sonst sollten die Hüter des *Castellano,* der Sprache Cervantes', über Wortschatz und Grammatik wachen? Die Real Academia Española de la Lengua will bis zum Jahr 2020 das vollständige Wörterbuch vorlegen. Die Frage ist nur: Was passiert in der Zwischenzeit? Neue Töne schlägt die Jugend an. Ihr *cheli,* die Umgangssprache der Szene, steckt voller Neuschöpfungen: So wissen nur echte *gatos* (»Katzen«, geborene Madrilenen), wo das günstigste *birra* (Bier, statt korrekt *cerveza*) gezapft wird, oder wo man in Ruhe die *litrona* (1-Liter-Flasche) in der Runde netter *tías* (»Tanten«) und *tíos* (»Onkels«) kreisen lassen kann. Aber nicht alle *gatos* sind *colegas* (gute Freunde), man grenzt sich ab. *Pijos* und *pijas* heißen die »feinen Pinkel« in den Nobeldiskos; die *horteras* (»Schnösel«) wären gern genauso schick, doch ihre *pasta* (Geld) reicht nur für Massenware aus dem Kaufhaus. Kaputten Typen, *pasotas* (von *pasarse de todo,* »sich für nichts interessieren«), ist sowieso alles egal, während *progres* (»Alternative«) keine *mani* (von *manifestación,* »Demonstration«) auslassen. Kraftausdrücke, die Mitteleuropäern die Schamröte ins Gesicht treiben, gehen Spaniern leicht von den Lippen. *¡Joder!* (Kurzform *¡Jo!*) kann Überraschung, Empörung oder Freude artikulieren, ist jedoch eine unfeine Bezeichnung für Geschlechtsverkehr. Eine der gebräuchlichsten Formeln dürfte *¡coño!* sein. Der Vulgärbegriff für das weibliche Genital verstärkt als Satzanhängsel die Bedeutung des Gesagten. Von den Hoden *(cojones)* leitet sich *cojonudo* ab, ein Begeisterung ausdrückendes Adjektiv. Camilo José Cela sammelte im Diccionario Secreto die wichtigsten spanischen Flüche. Wie ein echter Madrilene reagierte er denn auch 1989, als er von seiner Nominierung für den Nobelpreis erfuhr: *¡Por fin, coño!* »Na endlich, ... !«

Kunst und Kultur

Architektur

Im Gegensatz zu den meisten kastilischen Städten dominieren in Madrid nicht etwa Kirchen und Klöster, sondern Paläste, Repräsentations- und Zweckbauten mit unübersehbarer Tendenz zum Monumentalen. Romanik und Gotik, andernorts in Spanien feste Größen im Stadtbild, sind hier nicht präsent – kein Wunder, begann doch die Hauptstadtkarriere erst 1561 mit dem Entschluss Felipes II., seinen Hof am Río Manzanares zu etablieren. An arabische Zeiten erinnern nur noch einige Details im Maurenviertel *(morería)*, so etwa der Turm der Kirche San Pedro el Viejo (14. Jh.) oder die für den islamisch-romanischen Mudéjarstil typischen Hufeisenbögen an der Casa y Torre de los Lujanes aus dem 15. Jh. ❯ S. 63.

Stilbildend für das Madrid de los Austrias, das Madrid der Habsburger, war die von Italien ausgehende Renaissance. Eine asketisch-strenge Interpretation ihrer Ideale stellt die Klosterresidenz El Escorial 49 km nordwestlich der Stadt dar, in der der Gegenreformator Felipe II. seiner Auffassung von Staats- und Kirchenmacht Gestalt gab. Nach dem Architekten Juan de Herrera (1530–1597) wird eine solche schmucklose Bauweise als Herrera-Stil bezeichnet. Die emblematischen Ecktürme des Escorial findet man an vielen Gebäuden der Innenstadt wieder, z.B. am Rathaus und an den Arkadenhäusern der Plaza Mayor.

Wichtigster Vertreter des Madrider Hochbarock ist der Stadtbaumeister Pedro de Ribera (1683–1742), der z.B. den Puente de Toledo und das opulent dekorierte Portal des Museo Municipal schuf. Auch José Benito Churriguera (1665–1725), der für die typisch spanische Überfülle an barocker Ornamentik steht *(Churriguerismo),* war in Madrid tätig. Nach 1880 wurde aufgrund des Bevölkerungswachstums die systematische Stadterweiterung *(en-*

Arabisch geprägt war das ehemalige Maurenviertel Madrids, die Morería

sanche) nach Norden hin notwendig. Charakteristisch für diese Phase sind die stolzen Bürgerhäuser der schachbrettartig angelegten Viertel Chamberí und Salamanca. Um mit den Metropolen Europas mithalten zu können, ließen die Stadtoberen ab 1910 einen Prachtboulevard, die Gran Vía, quer durch die Altstadt legen. Dort und an der Calle de Alcalá entstanden mächtige Geschäftshäuser und Behördensitze teils im Stil früher amerikanischer Wolkenkratzer, teils mit Anleihen beim Klassizismus oder mit Art-déco-Anklängen.

Moderne Architektur

■ **Torre Picasso**
Plaza Picasso, s/n, Zona AZCA
Ⓜ **Lima**
Der japanische Architekt Minoru Yamasaki konstruierte auch New Yorks World Trade Center ❯ S. 117.

■ **Torres KIO (Puerta de Europa)**
Plaza de Castilla, s/n
Ⓜ **Plaza de Castilla**
Die beiden um 15° geneigten Türme (Architekten: Philip Johnsons und John Burgee) mögen Geschmackssache sein, auf jeden Fall zählen sie zu den Wahrzeichen der Stadt ❯ S. 118.

■ **Auditorio Nacional de Musica**
Príncipe de Vergara, 146
Ⓜ **Cruz del Rayo**
Von außen etwas unnahbar wirkend, entfaltet sich im Innenraum fast skandinavisch-kühle Eleganz.

■ **Flughafen Barajas.** 2006 erhielt Richard Rogers den Stirling Prize (»Architektur-Oscar«) für das ultramoderne Terminal 4 des Flughafens Madrid-Barajas.

■ **CaixaForum**
Paseo del Prado, 36, Ⓜ **Atocha**
Die stilsichere Umwandlung vom Elektrizitätswerk zum Kulturzentrum gelang 2007 den Schweizer Architekten Pierre de Meuron und Jacques Herzog ❯ S. 132.

Nach dem Spanischen Bürgerkrieg, der vor allem in der östlichen Innenstadt schlimme Narben hinterließ, versuchte das totalitäre Franco-Regime mittels protziger Prestigebauten an der Plaza de España aufzutrumpfen (ab 1947).

Metropole der Malerei

Angezogen von königlichen Geldgebern und anderen Mäzenen lebten und arbeiteten in Madrid seit dem 16. Jh. viele Künstler von Weltrang. Die erste Glanzzeit spanischer Malerei fällt zusammen mit dem Siglo de Oro, der Blütezeit des 16.–17. Jhs., als die aus der Neuen Welt erbeuteten Reichtümer eine enorme Prachtentfaltung ermöglichten. Den Auftakt bildet das Œuvre von Domenikos Theotokopoulos, genannt **El Greco** (1541–1614). Geboren auf Kreta und ausgebildet von Tizian in Venedig, entwickelte er eine völlig eigene Farb- und Formensprache. Seine Bilder verbinden byzantinische Ikonenmalerei und venezianischen Manierismus mit der katholischern Inbrunst der Gegenreformation. Typisch für El Greco, der vorwiegend in Toledo tätig war, sind die lang gezogenen Gesichter und Körper sowie der entrückte Ausdruck seiner Protagonisten. Weil der verschlossene »Schreibtischkönig« Felipe II. zu jenem expressiven Stil nie Zugang fand, blieb El Greco der große Erfolg bei Hofe versagt.

Velázquez

Aus Sevilla stammte Diego Velázquez de Silva (1599–1660), eine der herausragendsten Persönlichkeiten der Malerei. Geprägt von Lehrern der Sevillaner Schule, malte er zunächst im damals verbreiteten mystisch-religiösen Hell-Dunkel-Stil, dessen starke Licht- und Schattenkontraste vom italienischen Meister Caravaggio beeinflusst waren. 1623 holte ein Höfling Felipes IV. das junge Talent nach Madrid. Zweimal bereiste Velázquez Italien, um seine Kunst zu perfektionieren. Unerreicht bleibt seine Gabe, Situationen und Menschen visuell zu erfassen. Als Höhepunkt seines Schaffens gilt das höfische Gruppenbild »Las Meninas«, 1957 von Picasso auf seine Weise variiert.

Goya

Alle Kategorien sprengt Francisco de Goya y Lucientes (1746–1828). Der Bauernsohn aus Fuendetodos in der tiefsten aragonesischen Provinz war bereits als 17-Jähriger bei seinem späteren Schwager, dem Hofmaler Francisco Bayeu in Madrid angestellt. Ab 1776 schuf Goya farbenfrohe Kartons (Entwürfe für Teppiche) in Rokokomanier für die Königliche Manufaktur ❭ S. 132. Erfolge in Adelskreisen brachten ihm das ersehnte Hofamt ein: 1786 wurde er »Maler des Königs«, 1799 Erster Hofmaler unter Carlos IV. Ideell der Aufklärung verbunden, lebte Goya in ständigem Zwiespalt zwischen Anpassung, versteckter Rebellion und Zynismus gegenüber seinen Auftraggebern. Seine Porträts von gekrönten Häuptern, Klerikern und Hofschranzen entlarven die Mächtigen als dummdreiste Parasiten, z. B. »Die Familie Karls IV.« ❭ S. 127. Unter dem Eindruck des Unabhängigkeitskrieges wandte sich Goya sozialen und fantastischen sowie grotesken Themen zu. Radierzyklen wie die »Desastres de la Guerra« und die Furcht erregenden »Pinturas negras« weisen in Form und Inhalt weit über das 18. Jh. hinaus.

Goya im Selbstporträt

Picasso

Pablo Picasso (1881–1973), geboren in Málaga, verbrachte nur wenige Monate in Madrid. Sein Schlüsselwerk »Guernica« (1937) kehrte auf seinen Wunsch erst nach dem Ende der Diktatur nach Spanien zurück ❯ S. 132. Darüber hinaus sind im Centro de Arte Reina Sofía weitere Künstler der spanischen Moderne vertreten, u.a. der Expressionist José Gutiérrez Solana (1886–1945), Salvador Dalí, Joan Miró und Antoni Tàpies.

Literatur: Von Cervantes bis Cela

Auch für die Literatur war das Siglo de Oro ein goldenes Zeitalter. Miguel de Cervantes y Saavedra (1547–1616) aus Alcalá de Henares ❯ S. 136 nahm zunächst als Soldat an der Seeschlacht von Lepanto teil, wo seine linke Hand verstümmelt wurde. Danach verschleppten ihn algerische Piraten für fünf Jahre, bevor er, vom kastilischen Heroismus geheilt, nach Madrid zurückkehrte. Seinen »Ritter von der traurigen Gestalt«, Don Quijote de la Mancha (1605), konzipierte er als ironische Spiegelung des anachronistischen Heldenideals: Auf dem klapprigen Gaul Rosinante, begleitet von seinem pragmatischen Gegenpart Sancho Pansa, zieht der träumerische Landadelige in den vergeblichen Krieg gegen die Windmühlen.

Wie am Fließband produzierten die Madrider Dramatiker Félix Lope de Vega (1562–1635) und Pedro Calderón de la Barca (1600–1681) Klassiker des spanischen Theaters; in den Mittelpunkt ihres Schaffens stellten sie dabei christliche Ethik und die Frage der Gerechtigkeit im Absolutismus. Tirso de Molina (1584–1648) führte die unsterbliche

Piccassos »Guernica« ist im Centro de Arte Reina Sofía zu bestaunen

Figur des Don Juan in die Literatur ein; Francisco de Quevedo
(1580–1645) schrieb mit »Das
Leben des Buscón« den erfolg-
reichsten Schelmenroman seiner
Zeit.

19. Jahrhundert und Moderne

Ende des 19. Jhs. stürzten die Res-
tauration der Monarchie und der
Verlust der letzten Überseekolonien Spanien in eine tiefe Verun-
sicherung. Die geistige Neuorien-
tierung wollte die desillusionierte
Generación de 1898 einleiten. Zu
diesem Kreis von Intellektuellen,
der sich in Madrid formierte, werden u.a. der Romancier Pío Baroja
(1872–1956) gerechnet, der Dichter Antonio Machado (1875 bis
1939) sowie der Dramatiker

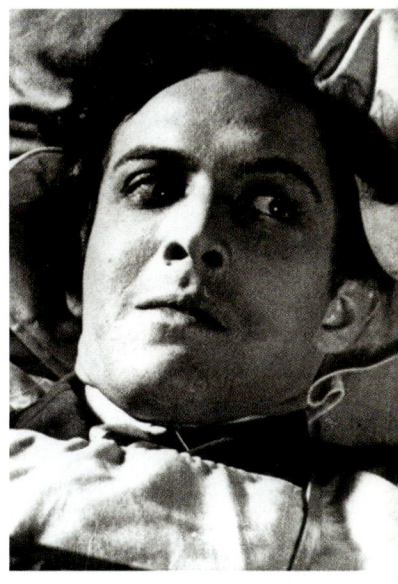

Luis Buñuel

Ramón María del Valle-Inclán (1869–1936). Der Philosoph José Ortega
y Gasset (1883–1955) gründete die Zeitschrift »Revista del Occidente«.
Ramón Gómez de la Serna (1888–1963) tat sich als origineller Feuille-
tonist hervor (»Madrid. Spaziergänge«, Wagenbach 1992).

In den 1920er-Jahren sorgte die avantgardistische Generación de
1927 um den Andalusier Federico García Lorca (1898–1936) für frischen Wind; die Surrealisten Luis Buñuel und Salvador Dalí schockten
das bürgerliche Publikum mit provokanten Texten und Filmen (»Ein
andalusischer Hund«).

Die Franco-Diktatur nahm der Kunst die Freiheit, die meisten
Schriftsteller flohen ins Exil. Camilo José Cela (geb. 1916), dessen
Großstadtroman »Der Bienenkorb« Momentaufnahmen des Madrider
Alltags von 1942 schildert, erhielt 1989 den Nobelpreis.

Buch-Tipp Von der internationalen Kritik hoch gelobt wurde **Javier
Marías** (geb. 1951) für sein vielschichtiges Schuld-und-Sühne-Epos
»Mein Herz so weiß« (Klett-Cotta 1996) und für »Alle Seelen« (SZ-Bib-
liothek 2007). **Rafael Chirbes** (geb. 1949) Roman »Der Fall von Madrid« (Heyne 2006), der an nur einem einzigen Tag spielt, beschreibt, wie
der Tod Francos das Schicksal einer Familie verändert. **Ray Loriga**
(geb. 1967) ist einer der originellsten jungen Autoren aus Madrid. Seine
von lakonischem Sprachwitz und fantastischen Themen geprägten Ro-

Der Flamenco hat eine lebendige
Tradition

mane »Schlimmer geht's nicht«
(2002) und »Tokio liebt uns nicht
mehr« (2004) sind auf Deutsch
bei Rowohlt erschienen. **Almudena Grandes** (geb. 1960) erzählt in
»Luftschlösser« (Rowohlt, 2007)
die Geschichte einer Dreierbeziehung inmitten der Aufbruchsstimmung der Madrider Movida-
Szene der 1980er-Jahre.

Tanz: Flamenco, Chotis und Zarzuela

Der Zusammensetzung ihrer
Bevölkerung nach kann Madrid
als eine der größten andalusischen
Städte gelten. Kein Wunder also,
dass der **Flamenco** auch in der
Hauptstadt gepflegt wird. Die
Herkunft dieser Musikform liegt
im Dunkeln; wahrscheinlich sind
sowohl berberische als auch jüdische Einflüsse sowie solche der
Zigeuner. Als reinster Gesangsstil
gilt der innige **Cante jondo.** Seine
schlichten Verse kreisen um unerfüllte Liebe, Tod, Schuld und das Schicksal geborener Verlierer am Rande der Gesellschaft. Beim Vortrag werden die Sänger durch rhythmisches Klatschen und Zurufe aus dem Publikum angefeuert. Gitarre,
Tanz und bunte Kostüme kamen erst im 19. Jh. hinzu; in den Showlokalen *(tablaos)* gehören sie zum Standard.

Ein Madrider Genre ist die **Zarzuela,** ein nach dem königlichen
Lustschloss benanntes Singspiel. Calderón de la Barca lieferte die ersten
literarischen Vorlagen; vorzugsweise wurden mythologische und heroische Stoffe in höfischen Aufführungen inszeniert. Im 19. Jh. erlebte das
operettenhafte Musiktheater, in dem sich Gesang und Dialog abwechseln, eine Renaissance. Tondichter wie Pascual Arrietas (1820–1891;
»Marina«), Francisco Asenjo Barbieri (1823–1894; »El Barberillo de
Lavapiés«) und José Serrano (1873–1941; »Alma de Dios«) füllten die
Opernhäuser mit ihren folkloristisch angehauchten Stücken, in denen
es von Madrider Volkstypen wie den gockelhaften Manolos und koketten Manolas ❯ S. 99 nur so wimmelt. Auch heute findet die oft belächelte Zarzuela ihr Publikum: Im Madrider Kultursommer etwa zieht die
Freiluftbühne in Lavapiés ❯ S. 98 zahlreiche Zuschauer an.

Erst durch die Zarzuela fand auch die heimliche Hymne Madrids Verbreitung: Der **Chotis**, die Schottische Polka, gelangte als Modetanz im 19. Jh. über Paris nach Spanien. An »Madrid, Madrid, Madrid« von Agustín Lara (1897–1970) kommt bei Volksfesten eigentlich niemand vorbei.

Spaniens Hollywood

Spaniens bedeutendste Filmstadt ist Madrid: nicht nur wegen der Studiostadt Ciudad de la Imagen im Vorort Pozuelos. Mehrere Regisseure und Schauspieler (u.a. Antonio Banderas, Victoria Abril, Penélope Cruz) wurden auch im Ausland bekannt. Carlos Saura (»Carmen«, 1986) und Manuel Gutiérrez Aragón (»Dämonen im Garten«, 1982) stehen u.a. für die Überwindung des Franco-Regimes und die Erneue-

Stierkampf in der Krise?

Paradox, aber wahr: Neuere Umfragen belegen, dass sich nur noch rund ein Drittel der Spanier für die traditionelle *Fiesta Nacional* interessiert, bei den jungen Leuten unter 25 Jahren sind es sogar nur noch 18 Prozent. Noch sind die Besucherzahlen stabil – wenn auch diese Art der Freizeitbeschäftigung vor allem unter Rentnern und in nationalistischen Kreisen beliebt zu sein scheint. Rund 200 Stierkämpfe finden jährlich statt, bei denen gut 10 000 Tiere je Saison den »Tod am Nachmittag« sterben. Erfolgreiche Toreros wie Enrique Ponce oder José Tomás verdienen sechsstellige Gagen und sind regelrechte Kultstars, die in TV-Talkshows auftreten und bunte Homestories für die Regenbogenpresse liefern.

Aficionados alter Schule wie der Stierkampfkritiker von El País, Antonio Lorca, beklagen dagegen den Verfall der hohen Kunst des Stierkampfes zur blutigen Realityshow und »Turistada«, zur Touristenattraktion. So werde, um die Fassade zu wahren, geschönt und frisiert, wo es nur geht. Hörner würden abgefeilt, Stiere mit Tranquilizern und Anabolika gedopt, so dass sie immer dickere Muskeln, aber immer weniger Lust zum Kämpfen entwickeln, und die Toreros würden von einstigen Künstlern zusehends umgeschult auf effekt- und modebewusste Sportmetzger.

Fundamentalkritik kommt zusätzlich von der Bewegung »Anti-Taurina«, die den Stierkampf als archaisches Relikt aus finsterer Vorzeit betrachtet, das aggressionsfördernd auf Kinder und Jugendliche wirke.

Der Stadtrat von Barcelona verabschiedete als Vorreiter 2004 eine Resolution gegen den Stierkampf, andere katalanische Städte folgten. Allerdings hat der Stierkampf in Katalonien noch nie eine so bedeutende Rolle wie in Südspanien gespielt. Pro oder contra, fest steht, dass der Stierkampf vor allem eines ist: ein riesiges Geschäft. Die Branche beschäftigt rund 200 000 Menschen und setzt pro Jahr 1,5 Milliarden Euro um.

rung des Mediums. Autodidakt Pedro Almodóvar hat in burlesken, schrillen Komödien das Lebensgefühl dieser Zeit auf Zelluloid gebannt (»Hable con ella«, 2002; »La Mala Educación«, 2004; »Volver«, 2006). Für sein Melodram »Alles über meine Mutter« erhielt er 2000 einen Oscar. Äußerst erfolgreich ist auch Alejandro Amenábar, der 1997 mit »Öffne die Augen« die Vorlage für den Hollywood-Kassenschlager »Vanilla Sky« lieferte. 2001 drehte er den subtilen Horrorstreifen »The Others« mit Nicole Kidman. 2004 erschien »Das Meer in mir«, die Geschichte eines Querschnittsgelähmten (Javier Bardém), der den Freitod sucht. Einen Überraschungserfolg in ganz Europa feierten 2007 die jungen Regisseure Paco Plaza und Jaume Balagueró mit dem Low-Budget-Horrormovie »[REC]«.

Feste und Veranstaltungen

Die Wahrscheinlichkeit ist hoch, bei einem Madrid-Besuch ein Musikfestival, eine bedeutende Messe, ein Volksfest, eine Stadtteilparty zu erleben oder eine interessante Ausstellung zu sehen – irgendetwas ist einfach immer los in Spaniens Hauptstadt. Zu den Höhepunkten zählen die Feria de San Isidro im Mai, ein Volksfest mit Umzügen, Folklore und Stierkampf. Gratis-Pop, Freiluftkino und Theater gibt es während der Sommermonate im Verano de la Villa; »Hochkultur« bietet das Festival de Otoño. Am besten gleicht man seine Reisedaten unter www.esmadrid.com (Suchbegriff: »calendario cultural«) ab – so verpasst man garantiert nichts.

Festkalender

5. Januar: Umzug der Heiligen Drei Könige *(Reyes Magos).*
Februar: Festival del Flamenco mit hochkarätigen Stars.
Die **Feria Internacional de Arte Contemporáneo** (ARCO) ist eine der bedeutendsten Messen für zeitgenössische Kunst (www.arco.ifema.es).
Karneval: Zur Karnevalszeit finden Maskenbälle statt; die **Beerdigung der Sardine** *(entierro de la sardina)* im Park Casa de Campo beschließt die tollen Tage.

Karwoche (Semana Santa):

Feierliche Prozessionen ziehen an Gründonnerstag und Karfreitag durch die Stadt.
Juni: Festimad – dreitägiges Open-Air-Festival mit aktueller spanischer und internationaler Independent-Rockmusik (Programm und aktuelle Termine unter www.festimad.es).
2. Mai: Zum Gedenken an den **Volksaufstand gegen Napoleons Truppen** von 1808 finden Feierlichkeiten an der Plaza del Dos de Mayo statt.

Nicht nur bei Altstadtfesten spielt sich das Leben auf der Straße ab

8.–15. Mai: Feria de San Isidro, Zur Festwoche zu Ehren des Stadtpatrons gibt es **Konzerte und Volksfeste** in der Altstadt und eine **Wallfahrt** zur Einsiedelei des Heiligen. Dies ist gleichzeitig der Höhepunkt der **Stierkampfsaison.**

24. Juni: Die **Johannisnacht** wird mit einem großen Feuerwerk im Retiro-Park begangen.

Mitte Juni bis Mitte Juli: Die **Photo España** ist eines der größten Fotokunst-Events der Welt mit zahlreichen Ausstellungen überall in der Stadt (Infos und Termine unter www.phedigital.com).

Ende Juni bis Mitte September: Der **Kultursommer** *(Verano de la Villa)* bietet einen bunten Strauß von Freiluftkonzerten, Film-, Theater- und Tanzvorführungen an verschiedenen Schauplätzen der Stadt.

Mitte Juli: Stadtteilfest Virgen del Carmen im Chamberí-Viertel.

7.–15. August: Turbulente **Altstadtfeste** werden in Lavapiés und La Latina, u.a. mit Umzügen in historischen Kostümen, gefeiert *(Fiestas de San Cayetano y San Lorenzo, Fiesta de la Paloma).*

10. September: Fest der Virgen del Puerto, volkstümlich Melonenjungfrau, im Park Campo del Moro.

Ende Oktober: Zum **Festival de Otoño** finden hochkarätige Gastspiele internationaler moderner Theaterensembles und Tanzgruppen statt.

9. November: Fest zu Ehren der Stadtpatronin **Virgen de la Almudena.**

Unterwegs in Madrid

Entdecken Sie die schönsten Stadtviertel –
jeweils mit den schönsten Touren, allem
Sehens- und Erlebenswertem
sowie zahlreichen Tipps

Madrids Altstadt

Nicht verpassen!

- Frühstücken wie die Madrilenen: Café con leche und ein Croissant bei La Mallorquina mit Blick auf die Puerta del Sol
- Einen Besuch bei Don Quijote und Sancho Pansa an der Plaza de España
- Einen Aperitif auf der Terrasse von Las Vistillas mit Königsblick auf den Palast
- Die herzhafte kastilische Küche in den Altstadtlokalen an der Cava Baja
- Den Sonnenuntergang am ägyptischen Templo Debod

Zur Orientierung

An die arabische Zivilisation erinnert in der Morería, dem »maurischen Viertel«, zwar nicht mehr allzu viel, eine kurze Zeitreise durch die Stadtgeschichte ist der Spaziergang durch den ältesten Bezirk Madrids aber dennoch: Seine engen Gassen und fast dörflich stillen Plätze tragen noch die Namen längst ausgestorbener Zünfte und bäuerlicher Märkte. Das architektonische Herzstück des Madrid de los Austrias, des habsburgischen Madrid, bildet die klassisch-schöne Plaza Mayor, während an der quirligen Puerta del Sol nicht nur die städtischen Metrolinien, sondern auch sämtliche Straßen Spaniens zusammengeführt werden. Verlaufen kann man sich in der kleinen Keimzelle Madrids kaum; man bewegt sich etwa im südlichen Dreieck zwischen Puerta del Sol, Königspalast und der markanten Barockkirche San Francisco el Grande. Eine ideale Pause während der Tour wäre der Besuch eines der zahlreichen altkastilischen Restaurants entlang der Cavas, der einstigen Festungsgräben des Mittelalters.

Nach der Siesta führt die zweite Altstadt-Tour vom Ausgangspunkt Puerta del Sol nach Norden und von den Habsburgern zu den Bourbonen. Wie sehr in der Geschichte Spaniens stets Macht, Religion und Kunst miteinander verflochten waren, wird in den königlichen Klöstern deutlich; hier fanden uneheliche Habsburgertöchter eine standesgemäße Bleibe. Zahllose Kunstwerke häuften die Bourbonen in den Gemächern des Palacio Real an, ebenso der feinsinnige Marqués de Cerralbo in seinem Privatpalais. Und an der Plaza de España künden die ersten Wolkenkratzer Spaniens vom Größenwahn des Generalísimo Franco – hinter dem Rücken von Don Quijote und Sancho Pansa. Liebhaber der Kunst Francisco de Goyas sollten sich den Abstecher zur Ermita de San Antonio mit ihren wunderschönen Fresken vormerken.

Buntes Treiben rund um die
Puerta del Sol

Touren in der Altstadt

Morería/Madrid de los Austrias

– ❶ – ***Puerta del Sol** ❭ ****Plaza Mayor** ❭ ***Plaza de la Villa** ❭ **Plaza San Andrés** ❭ **Plaza de la Paja** ❭ ***Basílica San Franciso el Grande** ❭ **Cava Baja** ❭ **Plaza del Conde de Barajas** ❭ ****Plaza Mayor**

Dauer: 2–3 Stunden zu Fuß
Praktische Hinweise: Start- und Endpunkt ist Puerta del Sol (Ⓜ Sol). Am besten nimmt man sich für den Rundgang durch Morería und Habsburger-Madrid einen Vormittag lang Zeit. Dann sind Geschäfte und Cafés geöffnet und man kann die meisten Kirchen und Museen besuchen.

*Puerta del Sol

Der Platz ist der vitale Mittelpunkt von Alt-Madrid. Der Name geht auf ein Stadttor mit Sonnen- emblem zurück, das einst den öst- lichen Zugang zur historischen Altstadt bildete. Das verkehrsrei- che Halbrund, gesäumt von klas- sizistischen Fassaden aus dem 19. Jh., hat zahlreiche nationale Dramen miterlebt: die blutige Re- bellion am 2. Mai 1808 gegen Napoleon, das Attentat auf Minis- terpräsident Méndez 1912, die Ausrufung der Republik 1931 und Francos Machtübernahme 1939.

Das Gebäude an der Südseite, die 1768 erbaute **Casa de Corre- os** ❶, diente anfangs als Haupt- post, später als Innenministerium; unter Franco barg es als Sitz der Staatssicherheit sogar einen Fol- terkeller. Heute residiert hier die Regionalregierung der Comuni- dad de Madrid. Auf den schmu- cken Uhrturm von 1865, der 1996 wegen Holzwurmbefalls erneuert werden musste, blickt ganz Spa- nien mindestens einmal im Jahr: An Silvester versuchen Millionen von Fernsehzuschauern im Takt des Zwölf-Uhr-Schlages zwölf Weintrauben *(uvas de la suerte)* zu verspeisen, um im neuen Jahr Glück zu erlangen. In den Bord- stein vor dem Bau eingelassen, markiert eine Plakette den Kilo- meter Null aller spanischen Nati- onalstraßen.

Drei prominente Statuen schmücken Mitte und Nordseite der Puerta del Sol. Das Reiter- standbild stellt Carlos III. dar, dem die Madrilenen so bedeuten- de Bauten wie den Prado oder die Puerta de Alcalá verdanken. La Mariblanca heißt die Kopie der anmutigen Venusfigur, die einmal über einem barocken Springbrun- nen thronte. 1967 wurde das zottelige Wappentier der Stadt an der Calle del Carmen mit einem Denkmal bedacht: Eine Bronze- bärin streckt sich nach den Früch- ten des wilden Erdbeerbaums. Die Leuchtreklame für die Sherrymarke Tío Pepe hat den Rang eines Wahrzeichens und schützenswerten Kulturgutes und wird an exponierter Stelle geduldet.

La Mallorquina, Puerta del Sol, 8. Der 1. Stock der Traditionskonditorei bietet den angenehmsten Logenplatz mit Sicht auf's Treiben am Platz.

1 ****Plaza Mayor**

Gesäumt von zahlreichen alteingesessenen Geschäften führt die Calle Mayor nach Westen. Entweder über Calle Esparteros (»Straße der Korbflechter«) und Calle Postas oder durch eine der Passagen linker Hand gelangt man rasch auf die Plaza Mayor. Architektonisch ist das Ensemble des vielleicht schönsten Platzes Zentralspaniens ein echtes Kind der spanischen Renaissance: Durch seine Geschlossenheit und die einheitliche Geschosshöhe aller Häuser strahlt der Platz eine nüchterne Eleganz aus.

Die Spitztürme am ältesten Gebäude, der **Casa de la Panadería** (1672), sind eine Reminiszenz an den Klosterpalast El Escorial. Vom Balkon des früheren Bäckerhauses, der das königliche Wappen trägt, genossen die Habsburger bei großen Anlässen den Königsblick auf die öffentlichen Veranstaltungen zu ihren Füßen. Die pseudobarocken Fresken von Carlos Franco (1992) zeigen u.a. Toreros und Katzen (*gatos*, Spitzname der Madrilenen). Im Erdgeschoss (Haus Nr. 27) residiert das Tourismusbüro. Gegenüber be-

Plaza Mayor – der Platz aller Plätze

Von Andalusien bis Galicien, von Mexiko bis Peru war die Madrider Plaza Mayor Vorbild für Veranstaltungs- und Versammlungsorte unter freiem Himmel. Das anfangs unebene und ungepflasterte Gelände außerhalb der alten Stadtmauern diente zunächst als Bauernmarkt und wurde erst 1617–1620 auf Geheiß Felipes III. – dessen Reiterstandbild den Platz ziert – nach Entwürfen des Escorial-Baumeisters von Juan Gómez de Mora in der gegenwärtigen Form angelegt. Juan de Villanueva gestaltete das 120 x 100 m weite Geviert von Grund auf neu, nachdem es 1790 zu mehr als der Hälfte abgebrannt war.

So friedlich wie heute präsentierte sich der beliebte Treff von Touristen und Müßiggängern freilich nicht immer. Bis ins 19. Jh. war die Plaza Schauplatz von Stierkämpfen, Reitturnieren, Heiligsprechungen und Hinrichtungen. Heute finden vor der prächtigen Kulisse Konzerte und Theateraufführungen statt, z.B. während des **Verano de la Villa.** Sonntags lebt der einstige Marktcharakter der Plaza Mayor wieder auf, wenn sich im Schatten der Arkaden Philatelisten und Münzsammler zur Tauschbörse einfinden. Wer ein Sonnenbad im Café nehmen möchte, bekommt den schützenden Sombrero im Haus Nr. 30, beim Hutmacher Yustas.

fand sich in der **Casa de Carnice-ria** im 18. Jh. der Schlachthof.

An der Rückfront der Plaza zeigt die abschüssige Cava San Miguel den ehemaligen Verlauf des Festungsgrabens, der hier einst die Stadtmauer sicherte. In den Gewölben der Häuser aus dem 18. Jh. haben heute urige Touristenlokale eröffnet. Im **Mercado de San Miguel, einem filigranen Bau aus Glas und Eisen** (frühes 20. Jh.), werden frische Lebensmittel verkauft.

*Plaza de la Villa

Der Markt des maurischen Madrid befand sich wenige Schritte weiter am Rathausplatz. Dort tagt

das Stadtparlament in der **Casa de la Villa** 2, einem Barockbau mit Spitztürmen, der ab 1644 entstand. Juan de Villanueva gestaltete 1771–1787 die Fassade zur Calle Mayor. In den Innenräumen prunken Gobelins, Kristalllüster

– ❶ –
Morería/Madrid de los Austrias

1 Casa de Correos
2 Casa de la Villa
3 Casa de Cisneros
4 Casa y Torre de los Lujanes
5 San Pedro el Viejo
6 Casa-Museo de San Isidro
7 Iglesia de San Andrés
8 Capilla del Obispo
9 Basílica de San Francisco el Grande
10 San Isidro Labrador
11 Plaza del Conde de Barajas

– ❷ – Königliches Madrid

12 Monasterio de las Descalzas Reales
13 Iglesia de San Ginés
14 Teatro Real
15 Palacio Real
16 Kathedrale La Almudena
17 Iglesia de San Nicolás
18 Monasterio de la Encarnación
19 Edificio España
20 Torre de Madrid
21 Iglesia de San Marcos
22 Museo Cerralbo
23 Templo de Debod
24 Ermita de San Antonio de la Florida
25 Museo de América

und Gemälde. Im Plenum beeindrucken edle Mahagonimöbel und ein Fresko von Vicente Palomino (17. Jh.).

Das mit dem Rathaus durch einen Bogen verbundene Bürgerhaus (1537) heißt nach seinem Bauherrn, einem Neffen des illustren Kardinals Francisco Ximénez de Cisneros, **Casa de Cisneros** ❸. Besonders sehenswert am jetzigen Amtssitz des Bürgermeisters ist die platereske Hauptfassade zur Calle del Sacramento; die

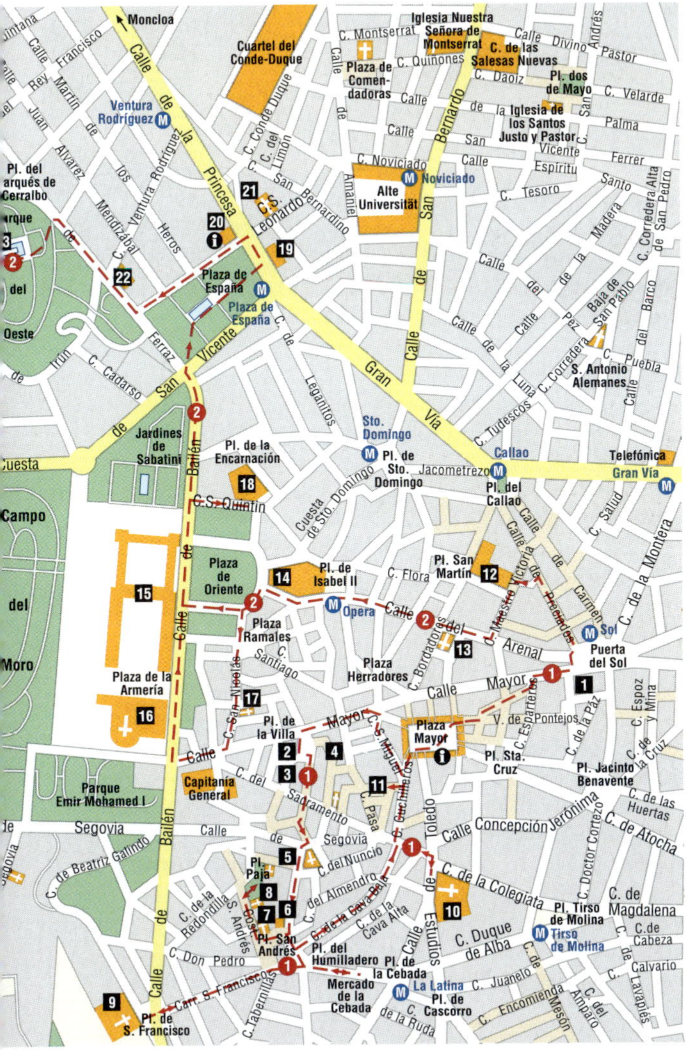

Blick auf die Morería, die Keimzelle Madrids

Sammlung von Wandteppichen (15./16. Jh.) kann wie das Rathaus nur montags 17–18 Uhr besichtigt werden.

Als ältester Zivilbau Madrids gilt die **Casa y Torre de los Lujanes** 4 (15. Jh.) gegenüber dem Rathaus. Die Hufeisenbögen im Turmaufsatz sind typische Elemente des Mudéjarstils, die nebenan am Portal des städtischen Zeitungsarchivs ihre Wiederholung finden. Das Standbild in der Platzmitte ehrt Admiral Álvaro de Bazán, der 1588 in Lissabon starb, kurz bevor die Briten seine als unbesiegbar geltende Armada versenkten.

San Pedro el Viejo 5

In das Herz der Morería gelangt man auf der Calle Cordón. Die viel befahrene Calle de Segovia war einst ein Seitenarm des Río Manzanares. Jenseits davon erhebt sich der archaisch anmutende Backsteinturm der Kirche San Pedro el Viejo aus dem Jahre 1354. An derselben Stelle stand bereits die maurische Moschee (*mezquita*).

Plaza San Andrés

Der aufsteigenden Costanilla de San Pedro nach Süden folgend, ist rechter Hand bald der Doppelplatz Plaza San Andrés bzw. Plaza del Humilladero erreicht. Im Inneren des **Casa-Museo de San**

Karte
Seite 62

Isidro **6** kann man einen Brunnen bewundern, der Schauplatz eines Wunders gewesen sein soll: Der Legende nach soll ihm der kurz zuvor darin ertrunkene Sohn des Stadtheiligen dank inständiger Gebete lebendig entstiegen sein. Im Untergeschoss wird eine interessante stadthistorische Sammlung präsentiert: Madrid von der Steinzeit bis ins 16. Jh. (Di–Fr 9.30–20, Sa, So 10 bis 14 Uhr). San Isidro selbst sollte nebenan, in der kuppelbekrönten **Iglesia de San Andrés 7** (17. Jh.) seine letzte Ruhestätte finden, wurde aber später in die Colegiata San Isidro verlegt ❯ S. 66. An die Rückfront der Kirche an der Calle San Andrés schließt sich das einzige gotische Gotteshaus Madrids an, die **Capilla del Obispo 8** (1535). Derzeit wird der gesamte Bau restauriert und kann nicht betreten werden.

Plaza de la Paja

An der vertraümten Plaza de la Paja wurde im Mittelalter mit Viehfutter und Stroh (span. *paja)* gehandelt. Weiter südlich öffnen sich drei weitere zusammenhängende Plätze: Der Name der Plaza Puerta de Moros erinnert an das ehemalige maurische Stadttor, das früher an dieser Stelle stand. An der Plaza de la Cebada (»Gerstenplatz«) drehte sich in früheren Zeiten alles um den Verkauf von Getreidesorten, vornehmlich der Gerste.

Heute lädt der große **Mercado de la Cebada** zum Einkaufsbummel ein.

*Basílica de San Francisco el Grande 9

Die klassizistische Fassade des mächtigen Kuppelbaus (1774) schuf Francisco Sabatini. Der feierlich-düstere Innenraum erlitt im Bürgerkrieg schwere Schäden und bietet Madrider Kirchenrestauratoren seit vielen Jahren sichere Arbeitsplätze. 2012 sollen die Arbeiten abgeschlossen sein. Die kostbare Kunstsammlung umfasst bedeutende Werke u.a. von Zurbarán und Sánchez Coello. Ein Frühwerk Goyas schmückt eine der sechs Kapellen, die »Predigt des hl. Bernhard von Siena« (1780).

Echt gut!

Als Panteón Nacional birgt San Francisco die Gräber so berühmter Architekten wie Ventura Ro-

San Francisco el Grande

La Chata in der Cava Baja

San Isidro Labrador 🔟

Am Beginn der Calle de Toledo erhebt sich diese doppeltürmige Stiftskirche. Im 17. Jh. für den Jesuitenorden errichtet, wurde sie dem Schutzheiligen Madrids geweiht. Nachdem die Jesuiten unter Carlos III. in Ungnade gefallen waren, wurde San Isidro zur Kathedrale umgewandelt. Die Bischofswürde trug das unauffällig in eine Häuserzeile eingezwängte Gotteshaus von 1885 bis 1993 jedoch nur vorübergehend, solange die neue Kathedrale La Almudena ❯ S. 70 noch im Bau war. Im Inneren der Kirche überwiegen barocke Stilelemente. Die Gebeine des heiligen Landarbeiters, der um 1080–1172 gelebt haben soll, werden am Hauptaltar verehrt.

Altstadtplätze

Zwei idyllische Altstadtplätze bilden die **Plaza del Conde de Barajas** 🔟 sowie die **Plaza del Conde de Miranda** mit dem Kloster Las Carboneras (17. Jh.), wo noch heute Nonnen leben und **hausgemachtes süßes Gebäck durch das Pfortenfenster verkaufen.** Vorbei am malerischen Arco de Cuchilleros, einem Treppenaufgang zur Plaza Mayor, erreicht man wieder die Cava San Miguel bzw. die Calle Mayor.

dríguez und Juan de Villanueva (Di–Sa 11–12.30, 16–19 Uhr, im Sommer 17–20 Uhr).

2 Cava Baja

Wer nun Hunger verspürt, kann ihn in einer der beiden Parallelstraßen und früheren Stadtgräben Cava Baja und Cava Alta stillen. An der **Cava Baja** locken **Traditionslokale mit herzhaften kastilischen Bratengerichten.** Zu den bekanntesten Adressen zählen **Casa Lucio** (Nr. 35), das nach alter Sitte gekachelte **La Chata** (Nr. 24) und **Julián de Tolosa** (Nr. 18) mit seinen gemütlichen Gewölben. Kastilischer Lammbraten, im Ofen gegart, ist die Spezialität der **Posada de la Villa** (Nr. 9). Alle Lokale ●●.

Restaurant

El Sobrino de Botín
Calle Cuchilleros 17
Tel. 913 66 42 17
Seit 1725 pflegt das älteste und traditionsreichste Restaurant Madrids die herzhafte Küche Kastiliens. ●●

Königliches Madrid

– ❷ – *Puerta del Sol ❯ *Monasterio de las Descalzas Reales ❯ Teatro Real ❯ **Palacio Real ❯ La Almudena ❯ *Monasterio de la Encarnación ❯ Plaza de España ❯ Parque del Oeste ❯ Universitätsviertel

Dauer: 2–3 Stunden, mit Abstecher zur Ermita de San Antonio 4 Stunden

Praktische Hinweise: Startpunkt ist Puerta del Sol (Ⓜ Sol), Endpunkt Plaza de España (Ⓜ Plaza de España). Der Rundgang eignet sich gut für den späteren Nachmittag; allerdings haben die beiden königlichen Klöster eingeschränkte Öffnungszeiten, die man einkalkulieren sollte. Am Abend kann man zum Abschluss noch ein wenig durch die Fußgängerzonen zwischen Puerta del Sol und Plaza del Callao bummeln (die Läden haben bis 22 Uhr geöffnet) oder sich an der Gran Vía ❯ S. 77 einen angenehmen Platz für den abendlichen Aperitif suchen.

3 *Monasterio de las Descalzas Reales

Von der Puerta del Sol folgt man der autofreien Einkaufsmeile Calle Preciados nach Norden, um am Kaufhaus Corte Inglés links in den schmalen Callejón Preciados einzubiegen. An der Plaza de Descalzas liegt das Monasterio de las Descalzas Reales. Doña Juana, Tochter Karls V. und Schwester Felipes II., ließ den Renaissancepalast – ihr Geburtshaus – ab 1554 zum Kloster umbauen. Ausschließlich Frauen des habsburgischen Hochadels, darunter viele Witwen und uneheliche Königstöchter, zogen sich hinter diese Mauern zurück. Die Verbindung zu den gekrönten Häuptern riss nie ab, sodass die Unbeschuhten Klarissinnen nicht auf ihre Schätze verzichten mussten und sie sich ihrer Herkunft entsprechend prächtig einrichten konnten.

Das **Treppenhaus,** das in die obere Galerie des Kreuzgangs führt, ist mit prunkvollen Fresken versehen. Im Hauptchor ruhen die Gebeine der prominentesten Nonne: Kaiserin Maria von Österreich war eine Schwester der Stifterin. Eine 14-teilige Serie von **Wandteppichen** nach Vorlagen von Rubens ziert den ehemaligen Schlafsaal. Die ==Gemäldesammlung, deren wertvollste Stücke in der alten Klosterküche== ausgestellt sind, umfasst Werke von Rubens, Brueghel d. Ä. sowie José de Ribera und Francisco Zurbarán. Bei dem berühmten »Zinsgroschen« von Tizian handelt es sich um die Zweitfassung eines Bildes, das in Dresden zu sehen ist. Im Klausurbereich leben und beten heute noch 26 Franziskanerinnen (Di–Sa 10.30–12.45, 16–17.45, Fr nur vormittags, So, Fei 11 bis 13.45 Uhr; nur mit Führung in spanischer Sprache).

Die Madrider Oper ist technisch
auf dem neuesten Stand

Zur Oper

An der benachbarten Plaza San
Martín lohnt sich, je nach Programm, ein Blick in die noble **Sala
de las Alhajas** (1870), der Kunststiftung der Caja de Madrid. An
der belebten Geschäftsstraße Calle del Arenal steht die **Iglesia de
San Ginés** , die 1358 gegründet
und zuletzt 1955 umgebaut wurde. In der rechten Seitenkapelle
(Capilla del Cristo) ist »Die Ver-
treibung der Wechsler aus dem
Tempel« von El Greco zu sehen.

Hinter der Adresse Arenal, 9
verbirgt sich im **Palacio de Gaviria** ein Juwel besonderer Art: Der
reiche Bankier Manuel Gaviria
ließ sich hier Mitte des 19. Jhs. einen neobarocken Stadtpalast bau-
en, in dessen Ballsälen sich lange
Zeit die Madrider Gesellschaft
versammelte. Zum Tanz bittet der
gleichnamige Klub ❯ S. 68 im
Obergeschoss auch heute wieder;

**der märchenhafte Kitsch blieb
den Räumlichkeiten erhalten,** in
denen heute Disko- und Salsa-
Rhythmen erklingen.

Das Westende der Calle del
Arenal bildet die Plaza de Isabel
II. mit der Statue dieser Monarchin
und der mächtigen Hauptfassade
des **Teatro Real** 14. Vom Glück
verfolgt war die Madrider Oper in
ihrer Karriere nicht gerade: 1831
begonnen, zogen sich die Arbeiten an dem Bau wegen Geldman-
gels hin; er konnte erst 1850 eingeweiht werden. Im 20. Jh. blieb
das sechseckige Opernhaus jahr-
zehntelang geschlossen; erst 1997/
1998 konnte Intendant García Na-
varro die erste Spielzeit mit Manuel de Fallas »Dreispitz« und »La
vida breve« glanzvoll eröffnen
❯ S. 33.

Plaza de Oriente

Zwischen Oper und Königspalast
erstreckt sich der parkähnliche
Platz, den Madrid Joseph Bonaparte verdankt. Die Reiterstatue
in der Mitte verewigt jedoch König Felipe IV.; sie wurde im 19. Jh.
aus dessen einstiger Palaststadt
Buen Retiro hierher versetzt. Der
auf den Hinterbeinen stehende
Hengst, vom Italiener Pietro Tacci
1640 in Bronze gegossen, war damals eine Meisterleistung der Sta-
tik. Statuen westgotischer und
spanischer Könige von Ataulf bis
Fernando VI. säumen die Plaza.

Restaurant

Café de Oriente
Pl. de Oriente, 2][**Tel. 915 41 39 74**
**Das eleganteste Belle-Epoque-Kaf-
feehaus der Stadt** ist ideal für das
zweite Frühstück oder den nächtlichen
Imbiss nach der Oper (abends auch
Restaurant, ●●).

4 **Palacio Real** 🆔

Imponierend wirkt der Kolossalbau aus hellgrauem Granit und Kalkstein schon durch seine Dimensionen (500 m Seitenlänge!) und die Vorzugslage oberhalb der Manzanares-Senke. Der Bourbone Felipe V. ließ den vierflügeligen Palast erbauen, nachdem der Sitz der Habsburger, der sich an derselben Stelle über den Fundamenten eines maurischen Alcázar erhob, am 24. Dezember 1734 abgebrannt war. Als Hauptarchitekt wurde der Piemontese Giovanni Battista Sacchetti verpflichtet. Außen überwiegen italienisch-klassizistische Stilelemente, während in den über 2000 Räumen üppiger Spätbarock vorherrscht. Sofern nicht gerade ein Staatsempfang stattfindet, steht der Palast Besuchern offen (Zugang von der Plaza de la Armería).

In der Regel sind nur 30 bis 50 Säle zugänglich, deren prachtvolle Ausstattung mit Gemälden (u.a. Goya, Velázquez), Stuck, Goldbrokat, Samt und Seide fast beklemmend wirkt. Zu den Höhepunkten zählt der **Salón de Alabarderos** (»Hellebardensaal«) mit dem Fresko »Apotheose des Äneas« von Tiepolo (1766) und Brüsseler Wandteppichen nach Vorlagen von Raffael (17. Jh.). Im Thronsaal ließen sich die Regenten mit einem weiteren Deckenfresko Tiepolos verherrlichen. Gemälde von Anton Raphael Mengs (1728–1779) schmücken die **Privatgemächer Carlos' III.**; im **Comedor de Gala** brechen Hunderte von Kristalllüstern das Licht. Der kleine **Salón de las Porcelanas** ist mit Keramikfliesen aus der Fábrica del Buen Retiro ausgekleidet.

Noch mehr Rüstungen, rostige Säbel und Büchsen als die **Real Armería**, die Königliche Waffensammlung, besitzt nur die Samm-

Königlicher Glanz: der Palacio Real

lung in Wien. Die schon etwas angestaubte **Real Botica** (Königliches Apothekenmuseum) und das **Museo de Carruajes** (Kutschenmuseum) im Schlosspark Campo de Moro erlauben interessante Einblicke in den höfischen Alltag (Mo–Sa 9–18, So, Fei 9–15 Uhr,

Echt gut!

Madrid mit Aussicht

■ **Hotel Emperador**, Gran Vía, 53, Ⓜ Callao. Im Sommer steht der Swimmingpool auf dem Dach auch anderen Besuchern offen (tgl. 11 bis 21 Uhr; Tageskarte pro Person 25 €, am Wochenende 35 €).

■ **Faro de Moncloa**, Ⓜ **Moncloa** ❭ S. 74. Der 92 m hohe Turm dient der Verkehrsbeobachtung; von der verglasten Plattform (Fotografieren nur mit Kleinkameras erlaubt) überblickt man den ganzen Westen der Stadt.

■ **Teleférico de Madrid.** Bei der Fahrt mit der Seilbahn zum Park **Casa de Campo** (❭ S. 73, ab Paseo del Pintor Rosales/C. Marqués de Urquijo, Ⓜ **Argüelles**) erscheinen die abendlichen Silhouetten der Plaza de España und des Königspalastes wie grandiose Filmkulissen.

■ **Parque del Cerro del Tío Pío**, Ⓜ **Portazgo.** Prächtige Sonnenuntergänge und das Panorama von den Dächern der Altstadt bis zu den Wolkenkratzern des AZCA-Viertels lassen sich von diesem wenig bekannten Park im Osten der Stadt genießen.

■ **Las Vistillas.** Die schattige Caféterrasse über der **Calle Segovia/Ecke Calle de Bailén**, Ⓜ **Ópera**, eröffnet den schönsten Blick hinüber zum Königspalast und auf die Kathedrale.

Okt.–März Mo–Sa 9.30–17, So, Fei 9–14 Uhr; eine einstündige Führung wird angeboten).

Zum Lustwandeln eignen sich die beiden Parkanlagen **Jardines de Sabatini** und der bis zum Manzanares reichende **Campo de Moro** (Eingang am Paseo de la Virgen del Puerto). Der Name »Maurenfeld« geht auf den Almoravidenfürsten Jusuf zurück, der hier 1109 mit seinen Truppen ante portas stand, Madrid jedoch nicht einnehmen konnte. Von der Aussichtsterrasse der **Plaza de la Armería** eröffnet sich ein herrlicher Rundblick über das ehemalige Königliche Jagdgelände Casa de Campo (s.u.). Noch schöner sitzt man auf der Café-Terrasse Las Vistillas, auf der anderen Seite des Viaducto gelegen, einer 25 m hohen Brücke über der Morería.

Kathedrale La Almudena 🔟

Gegenüber dem Palasteingang erhebt sich die neue Kathedrale des Bistums von Madrid und Alcalá, La Catedral de Santa María de la Almudena. Das Gotteshaus im Stilgemisch zwischen Neugotik und Klassizismus wurde erst 1993, nach 100-jähriger Bauzeit, vom Papst geweiht. Der Legende nach fanden die Helden der Reconquista an dieser Stelle ein Bildnis der Schutzheiligen, La Virgen de la Almudena, in der Stadtmauer der Medina, und deuteten dies als Zeichen Gottes. Hinter der Kirche legten Archäologen Reste des Schutzwalls frei.

Zum ältesten Gotteshaus Madrids, der **Iglesia de San Nicolás** 🇲🇪 mit einem Mudéjarturm aus dem 12. Jh. und dem Grab des Escorial-Architekten Juan de Herrera, führt die Calle de San Nicolás südlich der Kathedrale. Folgt man ihr nach Norden, kommt man zurück zur Plaza Oriente.

*Monasterio de la Encarnación 🇲🇪

Durch die Calle de San Quintin nördlich der Plaza gelangt man zur Plaza de la Encarnación mit einem Denkmal für den Dichter Lope de Vega und dem zweiten Habsburgerkloster Madrids. Der Entwurf der Anlage von 1616 wird dem Architekten der Plaza Mayor zugeschrieben, Juan Gómez de Mora. Margarethe von Österreich, die Gattin Felipes III., trat als Stifterin auf. Besonders sehenswert sind der Gemäldesaal (u.a. »Johannes der Täufer« von José de Ribera) sowie die Reliquiensammlung, die einen Glaskolben mit dem Blut des hl. Pantaleón verwahrt; der Märtyrer gilt als Patron der Ärzte. Immer am 27. Juli, seinem Namenstag, soll sich der geronnene Lebenssaft verflüssigen; bleibt das Wunder aus, gilt dies als schlimmes Omen (Mi, Sa 10.30–12.45, 16–17.45, So 11 bis 13.45 Uhr; nur mit Führung in spanischer Sprache).

An der Plaza de España

Folgt man der Calle Bailén nach Norden (ca. 1 km), passiert man zunächst das Gebäude des spanischen Senats (1845 begonnen, mit

An der Plaza de España

modernen Erweiterungen), bevor eine Unterführung auf die **Plaza de España** führt. Inmitten einer kleinen Grünanlage steht dort das viel fotografierte Denkmal für Cervantes, Ergebnis eines Bildhauerwettbewerbs von 1915. Der Dichter thront unter einer Weltkugel; zu seinen Füßen reiten Don Quijote und Sancho Pansa der Mancha entgegen.

Das 107 m hohe **Edificio España** 🇲🇪 ließ Franco 1947–1953 errichten, um der Welt die wiedererlangte Potenz des Landes zu beweisen – während Regimegegner in Kerkern verschwanden und die Armut in den Provinzen keine Grenzen kannte. Die Architekten des rot-weißen Kolosses, Julián und Joaquín Otamendi, zitierten Stilelemente des Madrider Barock. Noch höher hinaus wollten Francos Baumeister 1954–1957 mit der **Torre de Madrid** 🇲🇪, dem ersten Wolkenkratzer Spaniens (124 m) mit Klimaanlage.

Im Schatten der Betongiganten liegt an der Calle San Leonardo ein wenig beachtetes Juwel: Die

Iglesia de San Marcos 21 zählt zu den schönsten Werken des Madrider Barockarchitekten Ventura Rodríguez. Er entwarf auch den üppigen Altaraufsatz im Inneren. Gebaut wurde die Kirche im 18. Jh. zum Gedenken an den Sieg Felipes V. über Erzherzog Karl von Österreich bei Almansa, mit dem die Bourbonen den Spanischen Erbfolgekrieg zu ihren Gunsten entschieden.

An der nordwestlichen Ecke der Plaza de España, in der Calle Ventura Rodríguez, 17, vermittelt das ***Museo Cerralbo 22** eine Vorstellung vom adeligen Privatiersmilieu im 19. Jh. Don Enrique de Aguilera y Gamboa, XVII. Marqués de Cerralbo, war Politiker, Archäologe, leidenschaftlicher Sammler, Reisender und Privatgelehrter. Seinen 1883 erbauten Stadtpalast vermachte er samt Tausenden von Kunstobjek-

ten der Stadt Madrid. Im Erdgeschoss verdient El Grecos »Hl. Franziskus in Ekstase« (in der Kapelle) besondere Beachtung. Nicht minder wertvoll sind Werke von Tizian, Tintoretto und Alonso Cano in der Galería de Pintura. Das Prunkstück ist der Ballsaal (wegen Renovierung voraussichtlich bis März 2009 geschlossen, danach Di–Sa 9.30–15, So 10–15 Uhr).

Am Parque del Oeste

Auf einer begrünten Anhöhe jenseits der Calle de Ferraz steht ein Bauwerk ganz unerwarteter Provenienz: Der **Templo de Debod 23** stammt aus Südägypten und ist quasi das älteste Gebäude der Stadt. Um 200 v. Chr. zu Ehren des Gottes Ammon am Ufer des Nils erbaut, wäre er vom Assuanstausee überflutet worden, hätte ihn nicht die ägyptische Regierung 1968 den Spaniern zum Geschenk gemacht. Auf den umliegenden Hügeln mit dem **Parque del Oeste** erschoss Napoleons Soldateska am 3. Mai 1808 die aufständischen Madrilenen. Das Massaker hat Goya in einem seiner berühmtesten Gemälde der Nachwelt übermittelt › S. 128.

Durch das zum Río Manzanares hin abfallende Parkgelände gelangt man am Rosengarten **La Rosaleda** vorbei zur Fußgängerbrücke, die über die Schienen des Bahnhofs Príncipe Pío führt. Auf der anderen Seite, zwischen Gleisen und Fluss, liegt rechter Hand die unscheinbare Kapelle der ***Ermita de San Antonio de la**

Exotik vom Nil: Templo de Debod

Casa de Campo

Wer Madrider Familienleben studieren möchte, sollte an einem Sonntag-
nachmittag die Seilbahn *El Teleférico* nehmen und in den 1721 ha großen
Park westlich des Manzanares hinüberschweben. Im Sommer sind mehr als
100 000 Besucher täglich keine Seltenheit; überall lagern dann Ausflügler mit
gut gefüllten Kühltaschen und reichlichem Weinvorrat. Die Kinder toben sich
aus; man spielt Karten, Pelota oder Federball, studiert die Sonntagszeitung,
hört Fußball im Radio, palavert oder döst einfach vor sich hin. Sportliche
Madrilenen schwingen sich derweil aufs Mountainbike oder schnüren die
Wanderschuhe. Abseits von Seilbahnstation und Vergnügungspark erscheint
der lichte Meseta-Wald aus Pinien und Korkeichen erstaunlich einsam, obwohl die Skyline der Metropole immer zum Greifen nah ist. Dass die Natur
durch diese Nähe auch leidet, wird erst am Tag danach sichtbar: 15 Ange-
stellte reichen kaum, um die Abfälle eines Wochenendes zu entsorgen. Um
die Bodenerosion aufzuhalten, pflanzt die Stadt jährlich 5000 Bäume neu.
Ein Ärgernis ganz anderer Art ist das nächtliche Treiben rund um den Lago,
den See der Casa de Campo: Dort geben sich Prostituierte und Freier, Junkies
und Dealer ungeniert ein Stelldichein; als Tourist sollte man die Gegend bei
Dunkelheit absolut meiden.

Seilbahn ab Paseo de Pintor Rosales/C. Marqués de Urquijo; Argüelles (tgl.
12–20.30, Sa, So 11–21, im Winter bis 18.30 Uhr; Info: Tel. 915 41 74 50).
Parque de Atracciones und Zoo: Ⓜ Batán.

Florida 24, um 1798 von Juan de Villanueva erbaut. Die Kuppel malte Goya innerhalb von nur fünf Monaten mit herrlichen Fresken aus, die »Das Wunder des hl. Antonius von Padua« illustrieren. Die heiteren Farben, die freie

Echt gut!
Oasen der Ruhe

Plätze zum Ausruhen sind gefragt in der Hektik der Großstadt – in Madrid jedoch eher eine Seltenheit:

■ **Parque del Retiro**
Ⓜ Retiro. Die schönste und größte grüne Ruhezone der Stadt ❯ S. 109.

■ **Paseo del Prado**
Ⓜ Banco de España. Auf der Platanenallee gibt es schattige Bänke und einen Spielplatz für Kinder ❯ S. 123.

■ **Casa de Campo**
Ⓜ Lago und Batán. Das ehemalige königliche Jagdrevier geht fließend in die weite Mancha über ❯ S. 73.

■ **Plaza Santa Ana**
Ⓜ Sol. Auf der Plaza ist zwar immer etwas los, aber die Bars und Cervezerías bieten eine sympathische Pausenkulisse ❯ S. 95.

■ **Plaza Mayor**
Ⓜ Sol. Zwar kein Grün, aber auch keine Autos, viel zu schauen, reichlich Cafés zum Genießen ❯ S. 61.

■ **Plaza San Andrés**
Ⓜ La Latina. Nette Altstadt-Plaza mit Café zum Draußensitzen ❯ S. 64.

■ **Estación de Atocha**
Ⓜ Atocha. Die Option für Regenwetter: Tropischer Palmengarten unterm Bahnhofsdach ❯ S. 132.

■ **Cementerio de San Isidro**
Ⓜ Puerta de Toledo. Der schönste Friedhof der Stadt ❯ S. 101.

Komposition und die Behandlung des Themas als volksfestartige Massenszene gehen weit über die damals gängige Sakralkunst hinaus und lassen die Bedeutung Goyas als Wegbereiter der Moderne erahnen. Seine Überreste wurden 1919 aus Bordeaux in die Ermita überführt, die auch als Panteón de Goya bekannt ist (Di–Fr 9.30 bis 20, Sa, So 10–14 Uhr).

Universitätsviertel

1,5 km spaziert man am schattigen Paseo del Pintor Rosales bzw. dem Paseo de Moret entlang nach Norden. Die Plaza de Moncloa wird vom klobigen **Cuartel del Ejército del Aire,** dem Hauptquartier der Luftwaffe im totalitaristischen Stil der Franco-Ära, dominiert. Jenseits des Arco de la Victoria (1956), mit dem der Diktator den Sieg über die Republik feierte, ragt der futuristische **Faro de Moncloa** auf. Von der **92 m hohen Aussichtsterrasse** (Di–So 10.30–13.45, 17–20.45 Uhr) blickt man auf das weitläufige Universitätsgelände (Ciudad Universitaria), auf dem sich auch die Residenz des Ministerpräsidenten (Palacio de la Moncloa) befindet.

Das ***Museo de América 25** beherbergt eine Sammlung präkolumbischer Exponate, die im 18. und 19. Jh. aus den Exkolonien geborgen wurden. Sehenswert in der Sammlung zur Kultur und Geschichte sind der »Goldschatz der Quimbaya« aus Kolumbien sowie die Kopie einer 112-seitigen Maya-Handschrift (Di–So 9.30–15 Uhr; So Eintritt frei).

Gran Vía, Malasaña und Chueca

Nicht verpassen!

- Einen Cocktail zur »Hora Feliz«, zur spanischen Happy Hour, in der Bar Museo Chicote
- Die Aussichtsterrasse mit Pool auf dem Dach des Hotels Emperador
- Eine Sommernacht auf der Plaza Dos de Mayo
- Einen Kino-Abend in einem Filmtheater an der Plaza de Callao

Zur Orientierung

Was macht eine Großstadt zur Weltstadt? Ganz klar: Ein Boulevard, und zwar ein möglichst bunter und grandioser, gehört auf jeden Fall zum Erscheinungsbild einer belebten Metropole. Die Madrider Stadtoberen, ihrerseits gewiss keine Freunde halber Sachen, ließen dafür ab 1910 durch das nördliche Zentrum von Madrid eine enorme Schneise schlagen. So entstand die Gran Vía. Auf dem Reißbrett der Architekten konzipiert, sollte sie es an Flair und Größe mit den Prachtstraßen von Paris oder New York aufnehmen können. Inzwischen ist sie fest ins Stadtbild integriert und hat sogar etwas Patina angesetzt.

Beinahe verspielt wirken manche der großbürgerlichen Prachtbauten von damals, zumindest verglichen mit den jüngsten Beispielen monumentaler Bauweise. Verlässt man jedoch die Gran Vía, tut sich auf dieser Tour eine ganz andere Welt auf, nur wenige Schritte abseits der verkehrsreichen »Großen Straße«: In den Barrios Malasaña und Chueca herrscht noch die anheimelnde Atmosphäre, etwas vom ursprünglichen Charakter des alten Madrid. Richtig betriebsam wird es hier in den engen Gassen jedoch erst zu weit vorgerückter Stunde, wenn die alternative Szene die Nacht zum Tage macht.

Madrids prächtiger Boulevard: die Gran Vía

Tour rund um die Gran Vía

Um die Gran Vía

– ❸ – Plaza de España ›
Gran Vía › *Plaza de Chueca ›
Museo Romántico › Museo de
Historia ›*Plaza del Dos de
Mayo › Cuartel del Conde-
Duque › Palacio de Liria › Alte
Universität

Dauer: 3 Stunden, mit Museen
ca. 5 Stunden
Praktische Hinweise: Start-
und Endpunkt ist ⓜ Plaza de
España. Ideal für den Rundgang ist der späte Nachmittag
oder frühe Abend, weil dann
die Sonne schräg steht und die
Häuserschlucht der Gran Vía
in ein besonders imposantes
Licht taucht. Zudem bietet es
sich am Ende der Tour an, ein
Getränk in einer der vielen
Bars des Viertels zu nehmen.

*Gran Vía
Den westlichen Abschnitt der
Gran Vía zwischen Plaza de España und Calle de San Bernardo
säumen recht gesichtslose Hochhäuser aus den 1930er- und
1940er-Jahren. Vor allem Restaurants, Schuh- und Modegeschäfte
haben sich hier angesiedelt. Ab
der **Plaza del Callao,** wo nach
Süden die Einkaufsmeilen Calle
Preciados und Calle del Carmen
abzweigen, ändert sich die Szene-
rie. Kinopaläste wie das Callao,
Capitol oder Palacio de la Música

(mit 2000 Plätzen das größte Kino
Spaniens!) werben mit handge-
malten Riesenplakaten für die
neuesten Kassenschlager. Fanta-
sievolle Türmchen, Erker und Figuren zieren das **Hotel Atlántico**
(Nr. 38), die Geschäftshäuser **Edificio Madrid-París** (Nr. 32) und
Casa Matesanz (Nr. 27), alle aus
den 1920er-Jahren. Spaniens teuerste Mieten zahlen die Geschäfts-
leute in der autofreien Calle Preciados. In den Kaufhäusern **Corte
Inglés** (Preciados, 3), **FNAC** (Preciados, 28) und **Galerías Preciados** (Pl. Callao) kann man stun-
denlang stöbern. Den besten
Blick über die Häuserschluchten
hat man von der Dachterrasse
(mit Pool) des Hotels Emperador
(Gran Vía, 53).

An der Calle de Fuencarral
überragt die **Telefónica** ❶ sämtliche Nachbarn um Längen. Das
Gebäude der spanischen Telefon-
gesellschaft wurde 1926–1929
nach Plänen des Amerikaners

Louis Week errichtet und mit einem Hauch Madrider Barock dem spanischen Zeitgeschmack angepasst. Damals war es sogar das höchste Bauwerk Europas (89 m). Im Spanischen Bürgerkrieg schlugen sowohl Republikaner als auch Anarchisten hier ihr Hauptquartier auf. Die Kunststiftung der Telefónica, **Museo de la Fundación Arte y Tecnología,** präsentiert hervorragende Werke spanischer Künstler, u.a. Chillida, Tàpies, Gris und Picasso (Fuencarral, 1, Di–Fr 10–14, 17–20, Sa, So 10–14 Uhr). Sehenswert

Echt gut!

sind auch die Fotoausstellungen der Telefónica in demselben Gebäude. Von maurischem Dekor ließ sich der Architekt des mit Kacheln geschmückten **Edificio La Estrella** (Nr. 7) inspirieren.

Shopping

■ **Casa del Libro**
Gran Vía, 29
Hier wird auch englisch- und deutschsprachiger Lesestoff angeboten.

■ **Librería del Prado**
Calle del Prado, 5
Vor allem Antiquarisches und Bibliophiles gibt es hier.

Gran Vía, Malasaña und Chueca

Am Abend

Museo Chicote
Gran Vía, 12
Als einen Ort, um Getränke und Meinungen zu mischen, wünschte sich ihr Gründer Pedro »Perico« Chicote die traditionsreiche Bar. In ihren ledergepolsterten Chromstühlen saßen schon Ava Gardner, Frank Sinatra, Ernest Hemingway oder Luis Buñuel.

Im **Edificio Grassy** (Nr. 1–3) können sich Uhrenliebhaber im gleichnamigen Juweliergeschäft während der Geschäftszeiten die private Sammlung des Museo del Reloj Grassy zeigen lassen. Das Eckhaus zur Calle de Alcalá, das **Edificio Metrópolis**, 1905 von dem Architekten Luis Esteve gebaut, markiert mit seiner prächtigen Kuppel und der geflügelten Siegesgöttin den ausgesprochen fotogenen Schlusspunkt des Gran-Vía-Bummels.

Plaza del Rey 2
Über die Calle del Barquillo gelangt man nordwärts zur Plaza del Rey. Das 1891 von Mariano Benlliure geschaffene Denkmal in der Mitte stellt den heldenhaften Teniente Ruiz dar, wie er beim Volksaufstand gegen Napoleon mit gezogenem Degen zur Attacke ruft. Die Westseite nimmt die **Casa de las Siete Chimeneas** ein, benannt nach den sieben Schornsteinen. Der Renaissancepalast von 1577 beherbergt heute das Spanische Kultusministerium.

*Plaza de Chueca
Durch die Calle Libertad, wo sich einige Madrider Traditionslokale konzentrieren (z.B. Libertad 8, La

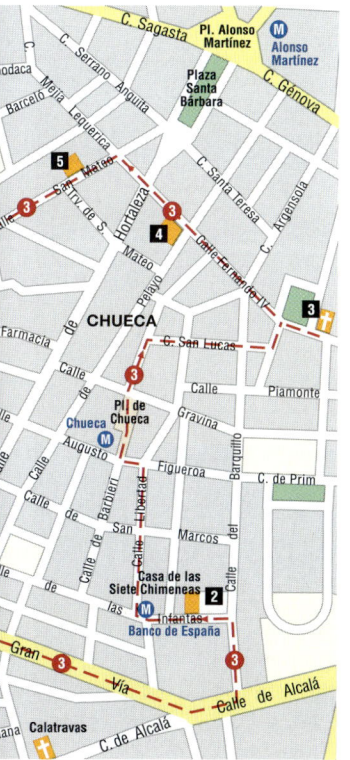

— 3 — Um die Gran Vía
1 Telefónica
2 Plaza del Rey
3 Iglesia de las Salesas Reales
4 Casa-Palacio Longoria
5 Museo Romántico
6 Museo de Historia
7 Iglesia de los Santos Justo y Pastor
8 Convento de las Salesas Nuevas
9 Iglesia Nuestra Señora de Montserrat
10 Plaza de Comendadoras
11 Cuartel del Conde-Duque
12 Palacio de Liria
13 Alte Universität

79

Carmencita, Extremadura), ist rasch die gemütliche Plaza de Chueca erreicht. Das Geviert trägt den Namen des Madrider Paso-doble-Komponisten Federico Chueca (1846–1908). Tagsüber Treffpunkt der Bewohner des gleichnamigen Barrio, wandelt sich die Gegend um die Plaza abends zur Lieblingsbühne der Madrider Lesben- und Schwulen-szene.

Für ein Gläschen Wein oder Wermut en passant empfiehlt sich die **klassische Bodega de Ángel Sierra** (seit 1908), die mit den alten Fliesen und ihrer Mahagoni-vertäfelung beinahe museal wirkt. Ech·gu

*Iglesia de las Salesas Reales 3

Die Kirche an der gleichnamigen Plaza ist nicht von ungefähr der hl. Barbara geweiht. Die wegen ihrer Verschwendungssucht un-beliebte Bárbara de Bragança, Gattin von Fernando VI., ließ Kirche und Konvent des französi-

Auf ein Gläschen Wein in die Bodega de Ángel Sierra

schen Salesianerordens 1749 bis 1758 erbauen. Vom Klosterbau blieb nach einem Großbrand 1915 nicht viel übrig; in dem rekonstruierten Gebäude an der Plaza de la Villa de París amtieren nun die Justizbehörden. Französisch inspiriert ist auch das reich verzierte Innere der spätbarocken Kirche, für die der Pariser Architekt François Carlier verantwortlich zeichnete. Fresken von González Gutiérrez und Gemälde von Francesco de Mura machen Kuppel und Altar zu einem echten Rokokojuwel. Besonders aufwendig gestaltet sind die Grabmäler des Königspaares, das nicht wie üblich im Escorial, sondern in seiner Kirche bestattet werden wollte.

Casa-Palacio Longoria 🄴

Auf eines der seltenen Beispiele spanischen Jugendstils in Madrid stößt man an der Calle Fernando VI./Ecke Calle Pelayo: Die Casa-Palacio Longoria erbaute der Katalane Josep Grasès Riera im Jahre 1902 im Auftrag des wohlhabenden Bankiers Longoria. In dem Bau mit den charakteristischen fließenden Formen residiert der Spanische Schriftstellerverband.

Museo Romántico 🄴

Die Travesía de San Mateo kreuzt die Calle de Hortaleza und trifft danach auf die Calle de San Mateo, wo das Museo Romántico (Nr. 13) einen Besuch lohnt – sobald es nach dem Umbau wieder zugänglich ist. Der klassizistische Adelspalast war bis 1924 im Besitz

Echt gut!

Progammkinos

◼ **Verdi**
Bravo Murillo, 28
Ⓜ **Ventura Rodríguez**
Tel. 914 47 39 30
www.cines-verdi.com
Fünf Säle, spanisches und internationales Programm, häufig Filme im Original.

◼ **Renoir**
Martín de los Heros, 12
Ⓜ **Plaza de España**
Tel. 902 22 91 22
www.cinesrenoir.com
Kinokette mit Anspruch; interessantes Independent-Programm und alles im Original, u.a.

◼ **Filmoteca Española (Cine Doré)**
Santa Isabel, 3, Ⓜ **Antón Martín**
Tel. 913 69 11 25
Das spanische Filmmuseum zeigt alle Filme im Original; immer sehenswerte Filmkunstreihen. Am schönsten ist der Jugendstilsaal 1 – früh reservieren! Schönes Café und Filmbuchladen.

◼ **La Enana Morrón**
Travesía de San Mateo, 8
Ⓜ **Tribunal**
Tel. 913 08 14 97
www.laenanamorron.org
Unabhängiger Filmklub, zeigt Kinoklassiker, Experimentelles und auch Abseitiges – im Original.

◼ **Fescinal (Cine de Verano)**
Parque de la Bombilla
Ⓜ **Príncipe Pío**
Freiluft-Sommerkino des Kulturministeriums von Juni bis August, täglich wechselndes Programm, gezeigt werden auch Originalversionen.

des Marqués de Vega-Inclán, des Begründers der Paradores-Hotelkette. Zu bestaunen sind Stilmöbel, Keramik und Gemälde des 19. Jhs., darunter viele Porträts von Mitgliedern der königlichen Familie sowie von politischen und militärischen Führern dieser Zeit. Von Goya besitzt das Museum ein Bildnis des hl. Gregorius (1794). Im alten Ballsaal schwelgten einst Dichter der spanischen Romantik, Schauspieler und Bohemiens. Ein ganzer Raum ist dem Leben des Poeten José Maria de Larra (1809–1837) gewidmet. Ausgestellt ist hier u.a. der Stuhl, auf dem sich der Mitbegründer des liberalen Kulturvereins Ateneo ❯ S. 95 aus Liebeskummer erschoss (bis Mitte 2009 wegen Renovierung geschl., Auskunft unter Tel. 914 48 01 63).

Das prächtige barocke Portal des

Manuela Malasaña

An den blutigen Aufstand vom 2. Mai 1808 erinnert ein Ziegeltor an der Plaza del Dos de Mayo, einziger Überrest der Monteleón-Kaserne, in der sich die Rebellen bis zum bitteren Ende verschanzt hielten. Das heroisierende Denkmal vor dem Tor stellt ihren Anführer Daoiz y Velarde dar. Gegen Napoleons Truppen hatten die mit Küchenmessern und Mistgabeln bewaffneten Madrilenen freilich keine Chance. Unter den 1500 Zivilisten, die ihr Leben ließen, war eine besonders tapfere junge Frau namens Manuela Malasaña – sie gab dem Stadtteil ihren Namen.

Museo de Historia (Museo Municipal) 6

Blickfang des Städtischen Museums an der nahen Calle de Fuencarral ist sein üppig verziertes Barockportal, das Pedro de Ribera im Jahre 1726 gestaltete. Das frühere Hospicio de San Fernando, 1674 von Maria von Österreich gestiftet, beherbergt seit 1929 eine interessante Sammlung zur Madrider Stadtgeschichte. Zahlreiche Objekte, Kunstwerke, historische Stadtpläne und Modelle zeigen die Entwicklung

Städtischen Museums von 1726

von der Steinzeit bis in die Gegenwart. Unter den Gemälden des Museums verdient Goyas »Alegoría de la Villa de Madrid« (1810) besondere Beachtung, das im Laufe der Zeit mehrfach übermalt wurde. Liebevoll ausgestattet wurden die Arbeitszimmer des Schriftstellers Ramón Gómez de la Serna (1888–1963) sowie des Chronisten und Begründers der angeschlossenen Stadtbibliothek, Ramón de Mesonero Romanos (1803–1882) (Di–Sa 10–21, So, Fei 11–14.30 Uhr).

*Plaza del Dos de Mayo

Jenseits der Calle de Fuencarral liegt das lebhafte Zentrum des Handwerkerviertels Malasaña, die Plaza del Dos de Mayo. Der Tag verläuft hier in zwei Akten: Solange es hell ist, gehört die Plaza den alteingesessenen Bewohnern des Viertels. Nach Sonnenuntergang übernehmen *rockeros, punkis, girlies* und Angehörige anderer jugendlicher *tribus* (»Stämme«) die Bühne. An Sommerwochenenden belagern Szenefreaks Straßen und

Plätze zwischen Glorieta de Bilbao und Calle San Vicente Ferrer – das ganze Viertel wird zur Open-Air-Bühne (auf den Geldbeutel achten!). Um den nächtlichen Lärm einzudämmen, verbietet seit 2002 ein Gesetz den Konsum alkoholischer Getränke außerhalb von Lokalen. Komplett durchgesetzt hat sich die »Ley Anti-Botellón« (= Anti-Flaschen-Gesetz) jedoch in Malasaña noch nicht – zum Missfallen vieler Anwohner des Viertels.

Am Abend

Einige Klassiker der wilden Aufbruchsstimmung der 1970er- und 1980er-Jahre existieren noch rund um die Plaza, z.B. die Disko-Pubs Vía Láctea (Velarde, 18) Maravillas (Ferrer, 33), Penta (Palma, 4) sowie die Cafés Comercial (Glorieta de Bilbao, 7) und de Ruiz (Ruiz, 11). Als Treff von Schriftstellern, Schauspielern und Musikern gilt die Bar des Kiosco Antonia auf der Plaza.

Wer sich tagsüber im Handwerker- und Kneipenviertel Malasaña umsieht, wird reizvolle historische Ladenfassaden mit Fliesenbildern und Emailschildern entdecken, z.B. an der Ecke San Andrés und San Vicente Ferrer die alte Apotheke **Laboratorio Juanse** (seit 1892) und die **Antigua Huevería.** Wo früher mit Eiern gehandelt wurde, hat sich jetzt ein Restaurant eingerichtet.

Am Südrand der Plaza, an der Calle Dos de Mayo, steht die **Iglesia de los Santos Justo y Pas-**

Auf der Plaza del Dos de Mayo herrscht abends tolle Stimmung

tor **7**, auch bekannt als Iglesia de Nuestra Señora de las Maravillas (»Kirche der Wunder«). Sie gehörte früher zu einem im 19. Jh. abgerissenen Karmeliterinnenkloster. Ihr zweiter Name, der zeitweise für ganz Malasaña gebräuchlich war, geht auf die angeblich wundertätige Madonna am barocken Hochaltar der kleinen Kreuzkuppelkirche zurück.

Shopping

Ein noch bestehendes Kloster passiert man an der **Calle de San Bernardo/ Ecke Calle Daoiz**: Im **Convento de las Salesas Nuevas 8** von 1798 verkaufen die freundlichen Schwestern hausgemachtes Gebäck; wer davon kosten möchte, der läute am Eingang mit der **Hausnummer 72**.

An der Calle de San Bernardo erhebt sich die **Iglesia Nuestra Señora de Montserrat 9**, die einer Benediktinerabtei als Klosterkirche diente. Im Zuge der Säkularisierung vieler Klöster im 19. Jh. machte die Stadt aus dem Ort des Gebets kurzerhand einen Ort der Bestrafung: Bis zum Jahre 1920 diente er als Frauengefängnis. Merkwürdig linkslastig wirkt die Hauptfassade mit dem wuchtigen Rokokoturm von Pedro de Ribera (1704), da der geplante Zwillingsturm nie ausgeführt wurde.

Plaza de Comendadoras 10

Die Calle de Quiñones führt auf die hübsche Plaza de Comendadoras. Rechts liegt ein großes Kloster des weiblichen Zweigs des

Santiago-Ordens. In der zugehörigen **Iglesia de Comendadoras de Santiago,** in die Philipp IV. im Jahr 1650 Nonnen berufen hatte und die im 17. Jh. durch die Architekten Manuel und José del Olmo erbaut wurde, erinnert das Bildnis des hl. Jakob als Maurentöter *(Santiago matamoros)* an die Bedeutung des Ritterordens in der Reconquista. Francisco de Moradillo errichtete ab 1746 die große Sakristei. Unter der Kuppel der in Kreuzform angelegten Kirche wurden Flaggen des Santiago-Ordens platziert, die die Namen historischer Schlachten gegen die Mauren tragen.

Cuartel del Conde-Duque 11

Über die Calle Cristo erreicht man den lang gezogenen Bau des Cuartel del Conde-Duque an der gleichnamigen Straße. In der einstigen Kaserne, von Pedro de Ribera 1717–1730 für die Königliche Garde Felipes V. erbaut, wird längst nicht mehr exerziert. Statt-

Ganze Arbeit

Als die Bautrupps in den 1950er-Jahren endgültig aus der Gran Vía abgezogen waren, zogen die Stadtplaner Bilanz: 14 Altstadtgassen waren verschwunden, 311 Häuser abgerissen, 61 799 m^2 Erde bewegt und 44 leere Grundstücke zubetoniert worden. Die Abrissbirne verschonte lediglich Kirchen, daher verläuft der Boulevard nicht schnurgerade.

dessen dient der mittlere der drei Innenhöfe als Veranstaltungsort für **Freiluftkonzerte beim jährlich stattfindenden Madrider Kultursommer.** Zudem bieten die früheren Soldatenunterkünfte Räumlichkeiten für Kunstausstellungen (Tel. 915 88 58 34) sowie für das neue städtische Zeitungsarchiv (Hemeroteca).

Palacio de Liria 🄓

Ventura Rodríguez erbaute im Jahr 1780 den barocken Palacio de Liria direkt neben der Kaserne (Eingang Princesa, 20). Der imposante Bau in einer Parkanlage ist Eigentum der Herzöge von Alba. Er beherbergt eine kostbare Pinakothek, u.a. mit Werken von El Greco, Rembrandt und Veláz-

quez (Führungen nur Fr um 11 und 13 Uhr, Voranmeldung unter Tel. 915 47 53 02).

Calle San Bernardo

Zurück in Richtung Gran Vía gelangt man entweder über die Calle de la Princesa und die Plaza de España oder über die Calle de San Bernardo mit einigen beachtenswerten Palästen. Das Parlament der Comunidad de Madrid tagt im Gebäude der **Alten Universität 🄔**, während im **Palacio Bauer,** der 1740 für den Gesandten des Bankhauses Rothschild erbaut wurde, das Madrider Konservatorium Musiker ausbildet (Ecke Calle del Pez). Die **Farmacia Delueze** (Nr. 39) ist eine schöne Apotheke aus dem 19. Jh.

In der Alten Universität tagt heute das Parlament

Special

Madrid schläft nicht

Das verrückte Nachtleben der spanischen Hauptstadt ist längst kein Geheimtipp mehr: Viele Besucher kommen gerade wegen der nicht enden wollenden Stunden zwischen Mitternacht und Sonnenaufgang immer wieder nach Madrid. Ob die Stadt am Río Manzanares tatsächlich die größte Dichte an Kneipen, Bars und Nachtklubs in Europa aufweist, wie Einheimische gern behaupten, lässt sich zwar nicht beweisen. Aber glauben werden es alle, die Madrider Nächte selbst erlebt haben – von Stadtteil zu Stadtteil.

Huertas

Mit zahllosen *tabernas, tascas* und *cervecerías* ist das Altstadtviertel zwischen Puerta del Sol und Paseo del Prado eines der populärsten und gemütlichsten Ausgehreviere des Zentrums. Rund um die Plaza Santa Ana verabredet man sich meist schon am frühen Abend. In Huertas gibt es weder Türsteher noch Kleiderordnung oder Altersgrenzen. Die meisten Lokale bestehen seit Jahrzehnten unverändert und unberührt von irgendwelchen Moden, so z.B.:

■ **Café Berlin**
Jacometrezo, 4, Ⓜ **Callao**
Tel. 915 21 57 52
www.cafeberlin.es
Beliebte Jazzkneipe mit nationalem und internationalem Live-Programm.

Chueca

Das Barrio zwischen Gran Vía und Plaza de Chueca ist seit den 1980er-Jahren Heimat der Schwulen- und Lesbenszene – aber nicht ausschließlich. In den vielen originellen Klubs und Bars fühlen sich Künstler, Film- und Medienleute jeden Alters wohl, ob Homo oder Hetero.

■ **El Búho Real**
Regueros, 5, Ⓜ **Chueca**
Tel. 913 19 10 88, www.buhoreal.com

Exzellente Cocktails und Livekonzerte. Der »königliche Uhu« ist ein Szene-Favorit.

■ **Zanzibar**
Regueros 9, Ⓜ Alonso Martínez
Tel. 913 19 90 64
www.zanzibarmadrid.com
Freundliche Bar im Ethno-Stil, gelegentlich Live-Reggae, Flamenco und Bossa Nova.

■ **La Boca del Lobo**
Echegaray, 11, Ⓜ Sevilla
Tel. 914 29 70 13
www.labocadellobo.com
Eng und gemütlich, interessantes Kulturprogramm: Konzerte, Lesungen, Ausstellungen.

■ **Glass Bar**
San Jerónimo, 34, Ⓜ Sevilla
Tel. 917 87 77 70
Schicker Club im Designer-Hotel Urban; Treffpunkt der »beautiful people«.

Malasaña

Rund um die Metrostationen Alonso Martínez und Bilbao schlägt sich v.a. die Jugend die Nächte um die Ohren. Weil die meist winzigen, verrauchten und lauten Disko-Pubs schnell zum Bersten voll sind, versammelt man sich zum Palavern, Flirten und Feiern unter freiem Himmel.

■ **Nasti**
San Vicente Ferrer, 35, Ⓜ Tribunal
Tel. 915 21 76 05
Beliebter Club mit viel Funk & House.

■ **Ya'sta**
Valverde, 10, Ⓜ Gran Vía
House, Techno u. alles, was tanzbar ist.

■ **Dink**
Amaniel, 13, Ⓜ Noviciado
Kleiner, origineller Club mit den neuesten elektronischen Sounds.

La Castellana und Salamanca

Entlang des großen Boulevards und zwischen den großbürgerlichen Wohnblocks des Viertels Salamanca erstrecken sich die Reviere der *gente guapa*, der Schicken, Schönen und all derer, die sich dafür halten. Diskos mit strengen Türstehern, undurchschaubaren Dresscodes und perfektem Design bestimmen hier das Bild.

■ **Ananda**
Ciudad de Barcelona, 2, Ⓜ Atocha
Tel. 915 24 11 44
Riesige Sommerdisko (Mai–Sept.) mit Tanzflächen drinnen und draußen.

■ **Macumba**
Pl. Estación de Chamartín s/n
Ⓜ Chamartín
Tel. 917 33 35 05
Disko und diverse Clubs, geöffnet bis zum Morgengrauen.

■ **Lavapiés**
Als Biotop für Bohemiens und (Lebens-)Künstler liegt das frühere Judenviertel im Trend; viele Zuwanderer aus Nordafrika und Lateinamerika sorgen für den gewissen exotischen Touch. Abends machen v.a. Cafés, familiäre Bars und kleine Musikbühnen den Charme des Barrio aus.

■ **El Viajero**
Pl. de la Cebada, 11, Ⓜ La Latina
Tel. 913 66 90 64
Bar, Kneipe auf drei Etagen, im Sommer auch Terrazza zum Draußensitzen. Post-alternativ, studentisch, locker.

■ **Barbieri**
Ave María, 45, Ⓜ Lavapiés
Tel. 915 27 36 58
Schönes altes Café und Treffpunkt der alternativen Szene.

Literatenviertel und Rastro

Nicht verpassen!

- Ein Sonntagmorgen auf dem Flohmarkt Rastro
- Die Boquerones in der Traditionstaverne La Dolores, Manzanilla und Oliven im La Venencia
- Pomp und Frieden im Cementerio San Isidro
- Ein entspannendes arabisches Bad im Hamam-Restaurant Medina Mayrit

Zur Orientierung

El Barrio de los Genios, so wird das Dreieck zwischen Puerta del Sol, Parlament und Paseo del Prado im Volksmund genannt. Aber was ist das Geniale an diesem Teil der Altstadt? Auf die politischen Entscheidungsträger im altehrwürdigen Plenum des Abgeordnetenhauses beziehen die Madrilenen diesen Titel sicher am wenigsten. Schon eher könnte dieses Prädikat zutreffen auf die hervorragende Qualität von Tapas und Weinen, die man hier bei einem Streifzug von Bar zu Bar, von Taverne zu Taverne prüfen und kosten kann.

Als populärster Sammelplatz für Nachtschwärmer erweist sich die **gemütliche Plaza Santa Ana im Herzen von Huertas,** wie das Literatenviertel eigentlich heißt. Auf den wahren Grund für den viel versprechenden Beinamen stößt rasch, wer unterwegs die Namen der schmalen Straßen und Gassen aufmerksam registriert:

Cervantes, Lope de Vega, Tirso de Molina. Die ganz Großen unter den Dichtern des Siglo de Oro lebten hier. Noch heute kann man den Spuren ihres Lebens im Barrio begegnen, wo immer man hinblickt. Die Meister des Wortes verfolgen uns in diesem Viertel auf Schritt und Tritt.

Der zweite Teil des Rundgangs führt in die *barrios bajos,* in die »Niederungen« der südlichen Altstadt – diese früher gebräuchliche Bezeichnung bezog sich keineswegs nur auf die tiefere geografische Lage des Areals nahe dem Río Manzanares, sondern auch auf seinen sozialen Rang innerhalb der Stadthierarchie. Wie ein Glasscherbenviertel mag Lavapiés zwar auf den ersten Blick sogar heute noch wirken, aber hinter der leicht abgeblätterten und gammeligen Fassade verbirgt sich eine liebenswerte Kleine-Leute-Gegend mit intakten Nachbarschaftsbeziehungen und viel Madrider Flair. In keiner anderen Gegend gibt es mehr altmodisch ausgestattete Geschäfte und Bodegas. Ein paar exotische Farbtupfer zur beinahe provinziellen Stimmung im Viertel tragen Einwanderer aus Afrika, Lateinamerika und aus dem Orient bei. Zur kontrastreichen Melange passt der Rastro, ein Flohmarkt, auf dem jeden Sonntag von Ramsch bis Antiquitäten und bunten Vögeln fast alles gehandelt wird.

Delikatessen vom Feinsten gibt es seit 1839 bei Lhardy

Tour durch das Literatenviertel

Literatenviertel und Rastro

– **❹** – **Puerta del Sol › Plaza de las Cortes › *Casa Lope de Vega › *Plaza Santa Ana › *Plaza de Lavapiés › Plaza de Cascorro (**Rastro) › Puente de Toledo › *Cementerio de San Isidro**

Dauer: 3–5 Stunden (am Sonntag mit Rastro-Besuch als ganztägige Tour).

Praktische Hinweise: Start ist Puerta de Sol (Ⓜ Sol) Endpunkt Ⓜ Puerta de Toledo. Wer die Tour an einem Sonntag machen möchte, beginnt am besten gleich morgens mit dem Rastro-Bummel an der Metrostation La Latina. Gelegenheiten zum ausgiebigen späten Frühstück gibt es unterwegs reichlich.

Zur Plaza de las Cortes

Von der Puerta del Sol folgt man zuerst der Carrera de San Jerónimo nach Osten.

Lhardy
Carrera de San Jerónimo, 8
Tel. 915 21 33 85
In diesem ==traditionsreichen Madrider Delikatessengeschäft==, gegründet 1839, sollte man sich wenigstens einen Sherry im Stehen oder eine Tasse Consommé (span. *caldo*) aus dem silbernen Samowar leisten – es muss ja nicht gleich ein raffiniertes Menü im stilvollen Restaurant sein.

Der politische Mittelpunkt des demokratischen Spanien liegt an der Plaza de las Cortes: Das neoklassizistische **Kongressgebäude 1** *(Congreso de los Diputados)*, 1843 von Narciso Pascual y Colomer begonnen, beherbergt den Sitzungssaal der Ersten Kammer des Parlaments. Sechs korinthische Säulen, darüber ein Marmorrelief und zwei flankierende Bronzelöwen aus eingeschmolzenen Beutekanonen aus dem Marokkokrieg (1860), verleihen dem 1994 erweiterten Bau das Aussehen eines antiken Tempels. Das Portal unterhalb der Säulen wird jedoch nur auf Geheiß des Königs zu besonders wichtigen Anlässen geöffnet. Bei der Führung wird auch das Plenum mit seinen altmodischen Sitzreihen – blau für Minister, rot für einfache Abgeordnete – gezeigt (Sa 10.30–12.30 Uhr; Ausweis mitbringen!)

Hotel Villa Real
Pl. de las Cortes, 10
Tel. 914 20 37 67][**Fax 914 20 25 47**
www.derbyhotels.es
Beinahe so luxuriös wie das Palace oder Ritz, aber deutlich günstiger. Besonders zu empfehlen: Duplex-Suiten im 5. Stock, mit Dachterrasse. ●●●

Gegenüber dem Parlament, an einer begrünten kleinen Plaza, wurde Cervantes 1835 mit einem Bronzestandbild von Antonio Solá geehrt. Von hier reicht der Blick entlang der nun sanft abfallenden Carrera de San Jerónimo bis zum Paseo del Prado mit dem abends beleuchteten Neptunbrunnen und der Iglesia San Jerónimo el Real im Hintergrund.

Das **Hotel Westin Palace** › S. 22 an der Ecke zur Calle del Duque de Medinaceli bietet seit 1913 seinen Gästen, darunter viel Politprominenz, allen erdenklichen Luxus. Wer hier nicht logiert, sollte aber zumindest beim Nachmittagstee einen Blick auf die wunderbare Jugendstil-Glaskuppel über dem Foyer werfen.

Gegenüber am **Edificio Plus Ultra 2** (1911) setzt sich täglich um 12 und 20 Uhr ein Glockenspiel mit originellen Figuren in Bewegung, so führt beispielsweise

die Herzogin von Alba ihr Hündchen aus.

Wundertätiger Heiland

In der Calle del Duque de Medinaceli stößt man an der Plaza de Jesús nicht nur auf **La Dolores, einen der schönsten und ältesten Tapas-Tempel des Viertels,** sondern auch auf die **Iglesia del Cristo de Medinaceli** **3** (1920). Jeden Freitag strömen die Gläubigen hierher, um die langhaarige Christusstatue über dem Altar inbrünstig zu verehren. Die Figur soll im 16. Jh. unter abenteuerlichen Umständen aus Marokko gerettet worden sein. Es heißt, das Haar des wunderwirkenden Heilands wachse von selbst nach.

Las Trinitarias Descalzas **4**

Südlich der Plaza de Jesús trifft man auf die Calle Lope de Vega. Es passt zu den viel zitierten Merkwürdigkeiten des Viertels, dass der Straßenname nicht, wie man vielleicht annehmen könnte, auf den Schöpfer des berühmten »Don Quijote«, Miguel de Cervantes, Bezug nimmt, obwohl dieser hier begraben liegt. Der Name der Straße bezeichnet vielmehr die Kirche, in der die Gebeine des Dichterfürsten an einer heute nicht mehr genau feststellbaren Stelle in der barocken Klosterkirche **Las Trinitarias Descalzas de**

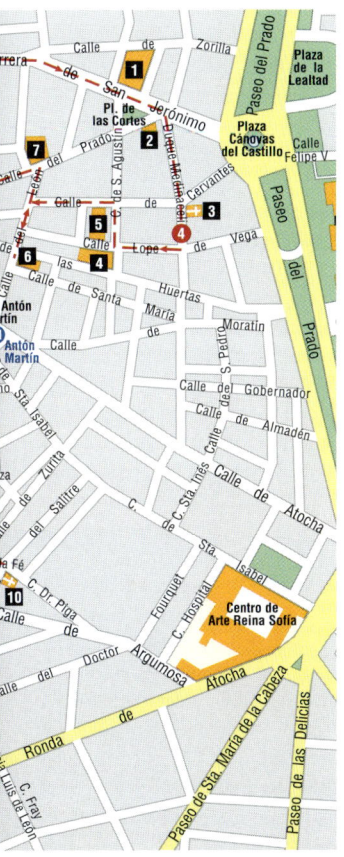

— 4 — Südliches Zentrum

1 Kongressgebäude
2 Edificio Plus Ultra
3 Iglesia del Cristo de Medinaceli
4 Las Trinitarias Descalzas
5 Casa de Lope de Vega
6 Real Academia de la Historia
7 Ateneo
8 Teatro Español
9 Pasaje Matheu
10 Iglesia de San Lorenzo
11 Iglesia del Convento de las Escuelas Pías de San Fernando
12 Corrala
13 Iglesia San Cayetano
14 Taberna de Antonio Sánchez
15 Plaza de Cascorro
16 Mercado Puerta de Toledo
17 Puente de Toledo
18 Cementerio de San Isidro

San Ildefonso (1694) ruhen. Dem angesehenen Orden der Barfüßigen Trinitarierinnen gehörten auch die Töchter von Cervantes und Lope de Vega an. Sehenswert in der Kirche sind vor allem der churriguereske Hochaltar sowie einige Gemälde von Alonso del Arco und Ximénez Donoso (nur zu den Messezeiten zugänglich).

*Casa de Lope de Vega 5

Parallel zur Calle Lope de Vega verläuft die Calle Cervantes, an der paradoxerweise die Casa de Lope de Vega zu finden ist. Der erfolgreichste Bühnenautor seiner Zeit wohnte hier etwa 1610 bis 1635. Das zweistöckige Backstein-

Im 1835 gegründeten Ateneo haben Tertulias Tradition

haus wurde zum Museum umgestaltet. Mit seiner größtenteils originalen Möblierung und dem hübschen Brunnenhof vermag es einen ==guten Eindruck vom Leben im 17. Jh.== zu vermitteln (Di bis Fr 9.30–14, Sa 10–14 Uhr).

Lope de Vega selbst führte ein Leben wie in einem turbulenten Barockdrama: Als Jugendlicher floh er aus dem Jesuitenkolleg, zog 15-jährig in den Krieg gegen die Portugiesen, studierte wenig später Theologie an der Universität von Alcalá de Henares. 1588 wurde er als Marinesoldat Zeuge des Untergangs der spanischen Armada. Zurück in Madrid, verdingte er sich als Sekretär und Kuppler des Herzogs von Alba, verlegte sich aufs Schreiben und gab 40 Jahre lang in der Theaterlandschaft den Ton an.

Nach dem Tod seiner zweiten Frau wurde Lope de Vega, aus dessen Feder nach eigenem Bekunden 1500 Bühnenstücke stammen (davon erhalten sind 470), Mitglied des Johanniterordens und zum Priester geweiht, obwohl er als Stammgast im Freudenhaus von Huertas bekannt war. Wegen seiner Affären wurde Lope de Vega zeitweise sogar aus Madrid verbannt. Dessen ungeachtet liebte das einfache Publikum in den Hinterhoftheatern, den *Corrales*, seine volkstümlich-bissigen Komödien über alles. Inzwischen Doktor der Theologie, schlüpfte der Poet zum Lebensende in die Rolle des Büßers und geißelte sich im Alter von 72 Jahren eigenhändig zu Tode.

Real Academia de la Historia 6

An der Calle del León/Ecke Calle de las Huertas hat die **Real Academia de la Historia** ihren Sitz. Der im Stil des frühen Klassizismus gehaltene Bau von Juan de Villanueva (1788) beherbergt die Bibliothek der Königlichen Historischen Akademie, mit 200 000 Bänden die bedeutendste ihrer Art in Spanien.

Folgt man der Calle del León nach Norden, stößt man auf die Calle del Prado, die von zahlreichen Pensionen und Antiquitätenläden gesäumt wird.

Ateneo 7

Eine herausragende Rolle im Kulturleben Madrids spielt das Ateneo, das seit 1884 im Haus Nr. 21 residiert. 1835 gegründet (erstes offizielles Mitglied: der Autor Mariano José de Larra), dient der Verein seither als Akademie, Bildungsanstalt und Literaturklub. Vor dem Spanischen Bürgerkrieg trafen sich hier liberale Intellektuelle, fortschrittliche Bürger, Freimaurer und unabhängige Wissenschaftler zum anregenden Diskurs. In zahlreichen spanischen Städten entstanden Ableger nach dem Madrider Vorbild. Obwohl Franco den Liberalismus unterdrückte, bot das Athenäum auch während der Diktatur der Opposition ein Forum. Bis heute finden im Café des Hauses die traditionellen Debattierrunden *(tertulias)* statt. Manche Veranstaltungen und Vorträge sind auch für die Öffentlichkeit zu-

Treffpunkt Plaza Santa Ana

gänglich. Wegen der aktuellen Termine empfiehlt es sich, einen Blick in die Tagespresse zu werfen.

5 *Plaza Santa Ana

Jenseits der Kreuzung mit der Calle Echegaray, benannt nach dem Politiker und Literaturnobelpreisträger von 1904, José Echegaray (1832–1916), öffnet sich dieser immer lebendige Platz mit dem Calderón-Denkmal von 1880. Seinen Grundstein legte José I. alias Joseph Bonaparte.

Hotel

Reina Victoria
Plaza de Santa Ana, 14
Tel. 917 01 60 00
www.solmelia.com
Das traditionsreiche Hotel mit seiner wunderbar verglasten Gründerzeit-Fassade glänzt seit dem Umbau von 2006 als Europas erstes »Hard Rock Hotel«. Die Zimmer verfügen über Plasma-TV, CD-Player und Internetzugang. ●●●

Das andere Ende der Plaza nimmt das **Teatro Español** 8 ein. Hier amüsierten schon im 16. Jh. im

Im Teatro Español werden klassische Dramen gegeben

Manzanilla, ein elegant-trockener Sherry, ist eines der beliebtesten Getränke im Ausgeh-Viertel Huertas. Den **vielleicht besten Manzanilla Madrids und leckere Oliven-Tapas** dazu gibt es in der puristischen **Taberna La Venencia, Echegaray, 7.** Leckere Paella und pikante *patatas bravas* unterm Sonnendach servieren die Lokale an der **Pasaje Matheu** .

Plaza Tirso de Molina

Über die Calle de las Huertas gelangt man auf die Plaza Jacinto Benavente und zur Plaza Tirso de Molina. Hier steht ein Denkmal für den Missionar des Mercedarierordens, der mit seinem »Verführer von Sevilla« (1617) einen Mann mit ausschweifendem Sexualleben für die Ewigkeit ersann – als Don Juan verunsichert er die Bühnen der Welt.

An der Calle de Magdalena sticht die hübsche Jugendstilfassade des **Cine Doré** heraus. Das Kino, 1923 eröffnet, ist heute Sitz der Filmoteca Española und zeichnet sich sowohl durch sein exquisites Programm als auch durch wunderschöne renovierte Säle aus (Tel. 914 67 26 00).

Ins Viertel Lavapiés

Die steil abfallende Calle del Ave María führt direkt ins Barrio Bajo, nach Lavapiés. Sie quert anheimelnde Gassen wie die Calle del Olmo (»Straße der Ulme«) oder Calle de Tres Peces (»Straße der drei Fische«), deren sprechende Namen auf Anekdoten aus dem früheren Judenviertel verweisen.

Corral de Comedias del Príncipe Theatergruppen das Volk. Das heutige Gebäude geht auf einen Entwurf des Madrider Architekten Juan de Villanueva (1802) zurück, der auch den Prado entwarf. Inszeniert wird vorwiegend das klassische spanische Drama.

Ganz andere Klassiker ziehen Abend für Abend mindestens genauso viel Publikum an: Die Tavernen **Cervecería Alemana** (seit 1904), **Cervecería Santa Ana**, das Jazzlokal **Café Central** an der benachbarten **Plaza del Ángel** und die urigen Szenekneipen **Los Gabrieles, Echegaray, 17,** und **Viva Madrid, Manuel Fernández González, 7,** können als veritable Sehenswürdigkeiten gelten.

Restaurant

Medina Mayrit
Atocha 14
Tel. 902 33 33 34
www.medinamayrit.com

Luxuriöses türkisches Hamam-Bad mit Restaurant und Bauchtanzvorführungen. Unter der Woche serviert das Restaurant mittags orientalische Fusion-Küche auch als preiswertes Menü del día.

*Plaza de Lavapiés

Der Name der Plaza de Lavapiés, wie der des ganzen Stadtteils, leitet sich wahrscheinlich aus dem Hebräischen ab; *avapiés* soll soviel wie »Ort der Juden« bedeuten. Nach Zeugnissen der sephardischen Kultur sucht man vergebens, denn die Katholischen Könige zwangen 1492 alle Juden, das Land zu verlassen oder zu konvertieren. Wo damals die Synagoge brannte, steht heute die bescheidene **Iglesia de San Lorenzo** 🔟 an der Calle de la Fé, der »Straße des Glaubens«. Von jeher ein Gotteshaus der Armen, ist es auch als Iglesia de las Pulgas (»Kirche der Flöhe«) bekannt.

Die Atmosphäre des Viertels erschnuppert man, wenn man der Calle Lavapiés ein Stück nach Norden folgt. Altersgraue Häuser mit farbigem Blumenschmuck, aufgehängte Wäsche auf winzigen Balkonen, Kramerläden, Gemüsehändler und Stehkneipen säumen die Straße. Man kennt sich, grüßt freundlich und hat offenbar immer Zeit für einen kurzen Plausch.

Ein ungewöhnliches Bild bietet sich an der Calle Mesón de Paredes: Die **Iglesia del Convento de las Escuelas Pías de San Fernando** 1️⃣1️⃣, eine ehemalige Klosterkirche aus dem 18. Jh., wurde zu Beginn des Spanischen Bürgerkriegs wie viele Einrichtungen der als reaktionär eingestuften katholischen Kirche von Anarchisten geplündert und niedergebrannt. Franco sorgte dafür, dass die Ruinen als Mahnmal gegen die »linke Gefahr« erhalten blieben. Den Rahmen für den weiten Platz vor dem hohlwangigen Gemäuer (mit einer Statue des mexikanischen Chotis-Komponisten Agustín Lara) bilden Mietshäuser, wie sie für

Calle de la Cabeza

Häufig zu hören ist die schauerliche Geschichte der »Straße des Kopfes«: Ein Pfarrer, der hier wohnte, wurde Opfer eines Raubüberfalls. Um keinen Zeugen zu hinterlassen, köpfte der Verbrecher den Gottesmann. Als der Mörder Jahre später beim Fleischer einen Lammkopf erstand, wollten neugierige Nachbarn wissen, was er in seinem blutigen Tuch verberge. Er öffnete es arglos und blickte in die starren Augen des Pfarrers. Dem Wahnsinn nahe gestand der Schurke seine Tat und verlor kurz darauf das eigene Haupt auf dem Richtblock. Als das Corpus delicti nochmals untersucht wurde, enthielt das Bündel bloß einen Lammkopf.

Typische Volksarchitektur: Corrala im Lavapiés-Viertel

die Volksarchitektur der *barrios bajos* so typisch sind.

Echt gut! Das schönste Original einer solchen *Corrala 12 steht schräg gegenüber, auf der anderen Seite der Calle Mesón de Paredes: Charakteristisch für die Bauweise nach dem Vorbild andalusischer Innenhöfe sind die hölzernen Galerien, von denen aus die engen Behausungen zu betreten sind. Der Block entstand 1839 und wurde zuletzt 1979 renoviert. Wer zufällig während des Festsommers »Veranos de la Villa« in Madrid zu Gast ist, sollte sich die stimmungsvollen Zarzuela-Aufführungen im Hof der Corrala nicht entgehen lassen. Sie lohnen einen Besuch nicht nur des Ambientes wegen.

!! In **Lavapiés** kommt es gelegentlich zu Trickdiebstählen und Überfällen. Meiden Sie unbelebte Straßen, vor allem nachts!

*Iglesia San Cayetano 13

Zwei Querstraßen weiter nördlich führt die Calle del Oso zur Iglesia San Cayetano (Eingang Calle de Embajadores). Die beeindruckende siebenachsige Hauptfassade entwarfen Marcos López und Pedro de Ribera (17. Jh.), das Portal mit den zwei stilisierten Glockentürmen wird José Benito Churriguera zugeschrieben – das monumentale Ensemble stellt quasi die Quintessenz des Madrider Hochbarock dar. Leider haben nur die Außenmauern den Bürgerkrieg überstanden, Innenraum und Kuppeln wurden in den 1960er-Jahren renoviert. Der Patron der Theatinerordenskirche gilt zugleich als Schutzheiliger von Lavapiés; die volkstümliche Fiesta an seinem Gedenktag, dem 7. August, bringt mit Prozession, Musik und Tanz die Straßen rund um San Cayetano zum Vibrieren.

Wem nach einer kleinen Stärkung zumute ist, der sollte zur Calle Mesón de Paredes zurückkehren. Hinter der Nr. 13 verbirgt sich eines der ältesten und originellsten Lokale Madrids, La Taberna de Antonio Sánchez 14. **Echt gu** 1830 eröffnet, war sie zuerst im Besitz des *Picador* Colita (Lanzenreiter beim Stierkampf) und wurde später von dem bekannten

Matador Antonio Sánchez übernommen. Als Sánchez seine ruhmreiche Karriere nach einem Unfall in der Arena aufgeben musste, widmete er sich ganz seinem kleinen Lokal. Liebevoll schmückte er es mit Stierkampf-Memorabilien, selbst gemalten Bildern und zwei Stierköpfen. Literaten wie Miguel de Unamuno und Ramón María del Valle-Inclán waren Stammgäste. Heute zieht es nicht zuletzt neugierige Touristen an den verzinkten Holztresen, wo noch immer ein sauberer Valdepeñas ausgeschenkt und als Imbiss *rabo de toro* ❯ S. 28 gereicht wird.

6 **Rastro

Buntes Treiben und dichtes Gedränge herrschen am Sonntagmorgen bis ca. 15 Uhr in dem Dreieck zwischen Calle de Embajadores, Calle de Toledo und Ronda de Toledo. Dann nämlich fin-

Madrider Originale

Er: Betont aufrechter Gang, Schnauzbart, Pomade im Haar, perlweißes Hemd, kurze Jacke mit polierten Silberknöpfen, enge Hose, spitze Schuhe, stechender Blick. Sie: Spitzenbluse, darüber eine schwarze Seiden-Mantilla, wadenlanger bunter Rock, darunter Schichten von Unterröcken, die Haare kunstvoll hochgesteckt, raue Stimme, auf den Lippen ein leichtsinniges Na-wie-wär's-Lächeln. Manolo y Manola heißen die beiden, in Lavapiés wurden sie geboren und in Lavapiés holt man sie zu jeder Fiesta aus der folkloristischen Mottenkiste. Der Name dieser Volkstypen aus der Unterstadt stammt aus dem 17. Jh., als konvertierte Juden ihre Erstgeborenen bevorzugt Emanuel (Koseform: Manolo) tauften. Aus Alteingesessenen, *gitanos* und Zuwanderern aus Andalusien, Murcia oder La Mancha entwickelte sich ein eigener Menschenschlag im Barrio: stolz auf die niedere Herkunft, temperamentvoll und galant die jungen Männer, kess und schlagfertig die Mädchen; echte *manolos* und *manolas* eben.

Im 18. Jh. avancierten Haltung und Kleidung der adretten Underdogs, inzwischen *majo* respektive *maja* (»hübsch«, »nett«) genannt, zum modischen Vorbild der Oberstadt. Goya ging sogar so weit, seine (vermutliche) Geliebte, die Herzogin von Alba, als *maja* zu porträtieren; einmal bekleidet, einmal nackt – die zweite Version brachte ihm ein Verhör bei der Inquisition ein.

Ins Obskure changierte der Charakter der *majos* im 19. Jh. Aus den irgendwie doch sympathischen Latin Lovers wurden nun *chulos* oder *chulapos*, halbseidene Stenze und Strizzis. Der *chulo*, in Pepitaweste, Halstuch und flotter Kappe, hat ein loses Mundwerk, spricht den originärsten Madrider Dialekt und greift schnell zum Stilett. Zum noch immer lebendigen Mythos trägt bis heute die Zarzuela bei, denn auf der Operettenbühne geht ohne *majas* und *chulapos* rein gar nichts – Madrid bleibt eben gerne seinen schrägen Typen treu.

det der **berühmteste Trödelmarkt Spaniens statt, der Rastro.**

Bester Ausgangspunkt für einen ausgiebigen Bummel ist die **Plaza de Cascorro 15**. Wo heute ein unübersehbares Angebot an Ramsch, Kleidung, Büchern und Antiquitäten bis zu 300 000 Besucher an einem Tag fasziniert, befand sich im Mittelalter das Viertel der Schlachter und Gerber. Der Name Rastro, wörtlich übersetzt »Fährte«, soll von der Blutspur, die die geschlachteten Tiere in den Marktstraßen hinterließen, herrühren. Aber auch eine zweite Deutung (rastrear = etwas aufstöbern) ist möglich: Bis ins 18. Jh. reicht die Tradition, dass hier Gebrauchtwaren aller Art feilgeboten werden.

Auf einen echten Goya zum Schnäppchenpreis sollte niemand spekulieren, denn die rund 3000 Händler sind Profis. Das Sortiment hat sich in den letzten Jahren stark gewandelt; statt kurioser Fundstücke überwiegen längst Modeschmuck, CDs, Billigklamotten und Spielzeug »made in Taiwan«. Wer sich aber mit offenen Augen treiben lässt, geht am Ende vielleicht doch mit unverhoffter Beute nach Hause.

! Die Warnungen, die von der Polizei ausgegeben werden, sich vor Dieben (Kameras und Portemonnaies) in Acht zu nehmen, sollte man ernst nehmen!

Dass das wilde Durcheinander der Stände System hat, erkennt man, wenn man nicht nur der Rastro-Hauptader **Ribera de Curtidores** bergab folgt, sondern auch in die kleinen Nebengassen einbiegt. Richtiger Trödel wird etwa an der Calle Mira el Río Bajo ausgelegt. Rund um die Plaza General Vara del Rey werden Kleider und Schuhe angepriesen, während an der Calle Carlos Arniches die Spezialisten für alte Möbel und Hausrat sitzen. Ölmalereien von zweifelhafter Qualität finden in der Calle San Cayetano Absatz. Für Bücherwürmer empfiehlt sich die Plaza del Campillo del Mundo Nuevo. Zum sonntäglichen Ritus gehört es, in einer der vielen Bars im Dunstkreis des Rastro *churros con chocolate* zu frühstücken und später die Siesta mit Wein und Tapas einzuläuten. Ein Rundgang

Madrids urigste Tavernen

Jede ein (Feucht-) Biotop für sich – finden Sie selbst heraus, welche Ihnen am besten gefällt!

- **Casa Alberto**
Huertas, 18, Ⓜ Antón Martín › S. 104
- **Montes**
Lavapiés, 40, Ⓜ Lavapiés
- **Ángel Sierra**
Gravina, 11, Ⓜ Chueca › S. 80
- **La Venencia**
Echegaray, 7, Ⓜ Sevilla › S. 96
- **El Anciano**
Bailén, 19, Ⓜ Ópera
- **La Trucha**
Manuel Fernández y González, 3, Ⓜ Sevilla › S. 28
- **Cervecería Alemana**
Plaza Santa Ana, 6, Ⓜ Sol
- **La Dolores**
Plaza de Jesús, 4, Ⓜ Antón Martín › S. 93

lohnt sich auch unter der Woche, denn an der Ribera de Curtidores liegen zahlreiche Krämerläden *(almonedas)*.

Antiquitäten in deutlich edlerem Umfeld bieten auch die Boutiquen im ehemaligen Fischmarkt am Südende der **Calle de Toledo**, dem modernisierten **Mercado Puerta de Toledo** 🔟. Der namensgebende prätenziöse Triumphbogen sollte bereits Joseph Bonaparte zur Ehre gereichen. Wegen der langen Bauzeit von 1812 bis 1827 wurde daraus aber nichts, sodass Fernando VII. das Siegestor nach Ende der Franzosenherrschaft ungeniert als Symbol seiner eigenen Regentschaft beanspruchen konnte.

Puente de Toledo 🔢

Folgt man dem natürlichen Gefälle in Richtung Río Manzanares rund 500 m, stößt man direkt auf die Steinbrücke (1719–1732), die die unverkennbare Handschrift von Pedro de Ribera trägt, dem Meister des Madrider Barock. Neun Bögen überspannen den Manzanares und eine Stadtautobahn; dazwischen bilden Strebepfeiler halbrunde Balkone. Üppig verzierte Baldachine mit Wappen und Skulpturen des Stadtheiligen San Isidro und seiner Frau betonen die Mitte des Übergangs. Die Obelisken zu beiden Seiten fügte Javier de Mariategui erst 1830 hinzu. Für den Autoverkehr seit Jahren gesperrt, ist die Brücke an Sommerabenden Ziel von Spaziergängern. Am rechten Manzanares-Ufer thront das Heiligtum

der Fans von Atlético Madrid, das schwarz-rote **Estadio Vicente Calderón.**

Madrids Friedhöfe

Vom Südufer des Manzanares aus nimmt man entweder den etwa 20-minütigen Fußweg über den relativ eintönigen Paseo Quince de Mayo in Kauf oder fährt mit dem Taxi bis zum ***Cementerio de San Isidro** 🔢, dem 1811 angelegten größten Friedhof Madrids. Die Grabtempel mancher Aristokraten- und Beamtensippen stehen ihren repräsentativen Stadtpalästen in puncto Pomp wenig nach. Auch einige lokale Berühmtheiten fanden hier eine Ge-

Unter steinernen Baldachinen stehen der Stadtpatron nebst Gattin am Puente del Toledo

denkstätte, etwa Stadtchronist Ramón de Mesonero Romanos, oder, im benachbarten **Cementerio de San Justo,** der Dichter Mariano José de Larra und der Komponist Federico Chueca. Unweit des Friedhofs steht die **Ermita de San Isidro del Campo,** am 15. Mai stets Ziel von Wallfahrern. Auf einigen Goya-Bildern ist diese *romería* bereits dokumentiert. Eine Quelle neben der Kirche, von der sich manche bis heute Wunder versprechen, soll von San Isidro beim Pflügen entdeckt wor-

den sein. Zurück in die Altstadt nimmt man am besten ein Taxi. Ein lohnender Umweg führt dabei über den ***Puente de Segovia,** den Juan de Herrera um 1580 im Auftrag Felipes II. errichtete, damit der Escorial von der Hauptstadt bequem zu erreichen war. Nicht nur Lope de Vega, sondern auch andere Zeitgenossen machten sich schon damals über das muskulöse Bauwerk aus Granitquadern (200 m lang, 30 m breit) lustig. Ihr Kommentar: »Zu viel Brücke für so wenig Fluss.«

Madrider Stammtisch

»Außer Haus und doch nicht an der frischen Luft« – dieses Motto der Wiener Kaffeehausphilosophen passt ebenso gut für die berühmten Madrider Debattierzirkel, *tertulias* genannt. Schon im 17. Jh. trafen sich gebildete Theatergänger nach der Vorstellung in der Corrala zum Meinungsaustausch. Vermutlich erhielt die Runde ihren Namen daher, dass ihre Teilnehmer gerne Sinnsprüche des frühchristlichen Denkers Tertullian (160–225) zitierten. Ihren eigentlichen Höhepunkt erlebte die Tertulia aber erst um 1900. Die Dichter der Generación del 98, z.B. Baroja, Valle-Inclán und Unamuno, führten das Wort in den Cafés Gijón, Comercial oder Lión. Als ungekrönter König der literarischen Tertulia galt in den »glücklichen Zwanzigern« Ramón Gómez de la Serna. Von 1914 bis 1936 hielt der Schriftsteller jeden Samstag um 21 Uhr Hof im legendären Café de Pombo (ehemals an der C. Carretas, Nähe Puerta del Sol). Seine Spielregeln lauteten: Jeder zahlt seine eigenen Getränke, Politik und Persönliches sind tabu! Unsterblich sind seine Greguerías, eine Art poetischer Geistesblitze, wie sie nur im Dunst aus Tabakqualm und Kaffeeduft entstehen: »Erinnerungen laufen ein wie Unterhemden«, »In Madrid halten alle Menschen, wie die Löwen, einen Mittagsschlaf«. Nach dem Bürgerkrieg bot die Tertulia für die wenigen nicht ins Exil abgewanderten Intellektuellen wie Camilo José Cela die einzige Zuflucht vor der Zensur. Nicht selten tarnten Oppositionelle ihre Sitzungen als Klub für Stierkampffans *(peña taurina)*. Lebendig ist die typisch spanische Freude an der geschliffenen Rhetorik und am Reden um des Redens willen auch heute noch; palavert wird nach wie vor im altehrwürdigen Café Gijón oder im Café del Círculo de Bellas Artes, um nur zwei Beispiele anzuführen. Und für Essen und Trinken ist in dieser Gesellschaft dabei stets gesorgt

Dinieren auf Raten

Tapas-Lexikon

Tapa: Im eigentlichen Sinne die kostenlose Zugabe des Barmanns zur *caña* (Bier vom Fass) oder zum *chato* (Glas Wein): ein Stückchen Wurst, ein paar Anchovis, Oliven oder Käse.

Ración: Die »Portion« ist die etwas größere Tapa, die man extra bestellt und bezahlt. Ideal zum Durchprobieren in der Gruppe.

Pincho: Der »Spieß«, ein Verwandter der Tapa, ist z.B. ein Eckchen Tortilla, eine gegrillte Aubergine oder eine eingelegte Paprika, auf einem Zahnstocher aufgespießt.

Montadito: Vielfältig belegte Weißbrotscheiben, etwa mit Wildlachs, Stockfisch, Gemüse oder Schinken. Nicht nur ein Augenschmaus!

La Barra: Wer im Stehen am Tresen isst und trinkt, zahlt etwas weniger als am Tisch. Essensreste, Kippen und Servietten werden einfach auf den Boden »entsorgt«.

¡La Cuenta, por favor! Getrennt bezahlen wollen nur Touristen. Und wozu schließlich? Die nächste Runde kommt bestimmt!

Wenn der Boden einer Bar mit Papierservietten, Olivenkernen und Krümeln übersät ist, ist das ein Indiz für eine beliebte Tapas-Bar!

König Alfonso el Sabio, »der Weise«, soll es gewesen sein, der im 13. Jh. seinen trunksüchtigen Soldaten zu jedem Humpen Wein ein Stück Brot verordnete. Ob der Monarch damit wirklich den urspanischen Kult um die herzhaften Tapas (»Deckel«) begründete? Sicher ist jedenfalls, dass der *tapeo*, die fast schon rituelle Jagd nach den leckeren Happen, ebenso untrennbar zum Tagesablauf der Hauptstädter gehört wie Goya

103

zum Prado. Und für die Besucher Madrids sind Tapas ideal als Stärkung zwischen Sightseeing- und Shopping-Touren.

Tapas à la carte

Die Fantasie der Köche und Barleute kennt keine Grenzen; immer neue Kreationen sorgen dafür, dass aus anspruchsvoller Laufkundschaft Stammgäste werden. An den bodenständigen Klassikern kommt freilich niemand vorbei, denn gerade daran erkennt der Experte die hohe Kunst der Tapas-Küche.

Patatas bravas: knusprige Bratkartoffeln mit pikanter Knoblauchmayonnaise *(alioli)*
Boquerones: Sardellenfilets gebacken *(fritos)* oder in Knoblauchessig eingelegt *(en vinagre)*
Gambas: Garnelen in Knoblauchöl *(al ajillo),* paniert *(rebozadas)* oder gegrillt *(a la plancha)*
Ensaladilla rusa: Kartoffel-Gemüse-Salat mit Mayonnaise
Pimientos de Padrón: grüne galicische Paprikaschoten vom Grill
Champiñones al ajillo: in Olivenöl mit Knoblauch und Petersilie gegarte Champignons
Croquetas: Kroketten mit Spinat, Stockfisch *(bacalao),* Schinken oder Meeresfrüchten
Navajas: Schwertmuscheln vom Grill
Albóndigas: Hackfleischbällchen in Tomatensoße

Madrids Top-Adressen

Gut 23 000 *bares, tascas* und *tabernas* gibt es im gesamten Stadtgebiet, die Auswahl hinter den ungezählten blank polierten Glasvitrinen ist folglich unüberschaubar. Ehrensache, dass alle Madrilenen für jede ihrer Lieblingstapas die eine Spitzenadresse auf Lager haben. Als Neuling in der Szene hält man sich am besten an die vielen Traditionslokale im Zentrum ❭ S. 28 und lässt sich ansonsten einfach genüsslich treiben. Es gibt viel zu tun, ¡*Vamos de tapeo!*

■ **La Casa del Abuelo**
Victoria, 12, Ⓜ Sol
Seit 1906 eine der besten Adressen für frische Garnelen in Knoblauch oder *a la plancha.*

■ **Casa Alberto**
Huertas, 18, Ⓜ Antón Martín
Alteingesessen (seit 1827) und gemütlich: *caracoles* (Schnecken), *calamares fritos* (frittierte Tintenfischringe) und vieles mehr.

■ **Juana La Loca**
Pl. Puerta de Moros, 4, Ⓜ La Latina
Ausgezeichnete *pinchos* auf baskische Art.

■ **Las Bravas**
Pasaje Matheu, 5, Ⓜ Sol
Erstklassige *patatas bravas.*

■ **Taberna de los Cien Vinos**
Nuncio, 17, Ⓜ La Latina
Das Haus der »hundert Weine« – dazu gibt es feine Schinken, Käse und Wurstwaren aus ganz Spanien.

■ **Bocaíto**
Libertad, 4–6, Ⓜ Chueca
Andalusische Bar mit enormer Auswahl an *montaditos,* auf tausenderlei Art belegte Weißbrotscheiben.

■ **El Pepinillo de Barquillo**
Barquillo, 42, Ⓜ Alonso Martínez
Originelle, stets frische Tapas; moderne Bar mit jungem Publikum. Bis 3 Uhr geöffnet.

Salamanca & Castellana

Nicht verpassen!

- Ein Sommerwochenende im Retiro-Park
- Spanische Alta Moda an der Calle Serrano
- Den Nachbau der Altamira-Höhle im Museo Arqueológico Nacional
- Eine Busfahrt mit der Linie 27 entlang der Castellana

Zur Orientierung

Ein Blick auf den Stadtplan genügt, um das wichtigste Merkmal des Salamanca-Viertels zu erfassen: Symmetrische Wohnblocks, ein großzügiges Straßennetz im Schachbrettmuster – welch ein Gegensatz zu den beengten Verhältnissen in Lavapiés oder der Morería! Mitte des 19. Jhs. am Reißbrett konzipiert, hat sich die Hochburg von Adel und Bourgeoisie ihr nobles Flair bis heute erhalten. Designerläden, vornehme Nachtklubs und vor allem Modeboutiquen von Weltruf haben sich hier angesiedelt. Aber auch Kunst und Hochkultur sind im Barrio de Salamanca heimisch; die vielen Privatgalerien, Auktionshäuser, Stiftungen und Sammlungen sind allein schon einen Rundgang wert. Allerdings können die Wege durch das weitläufige Viertel lang sein; es bietet sich an, zwischendurch auch einmal ein Taxi zu nehmen – spätestens, wenn die Shopping-Tour durch die Einkaufsmeilen Salamancas erfolgreich war …

Am nördlichen Abschnitt der Paseo de la Castellana präsentiert sich Madrid ganz so, wie sich die Hauptstadt Ende des 20. Jhs. gern sah: als wirtschaftliches und politisches Aushängeschild, sinnbildlich für ein Spanien, das zur Moderne aufgeschlossen hat. Chrom, Glas und Beton bestimmen vor allem das Bild der Urbanización AZCA, deren Wolkenkratzer zu den spektakulärsten in Europa gehören. Schließlich lebt Madrid mit Übergrößen jeglicher Art nicht erst seit gestern.

Tour durch Salamanca

Salamanca und Retiro

– ❺ – **Real Academia de Bellas Artes ❯ *Plaza de la Cibeles ❯ **Parque del Retiro ❯ Museo Arqueológico Nacional ❯ Plaza Colón ❯ Calle de Serrano ❯ *Urbanización AZCA ❯ Puerta de Europa Karte ❯ S. 108 und S. 117

Dauer: 3–4 Stunden (inkl. Museen auch ganztägig)
Praktische Hinweise: Startpunkt Ⓜ Sevilla, Endpunkt ist die Ⓜ Plaza de Castilla. Um im Anschluss die wichtigste Verkehrsachse Madrids kennenzulernen, sollte man Bus oder Taxi bemühen – zu lang wäre der 6 km Fußmarsch entlang des Paseo de la Castellana.

Real Academia de Bellas Artes de San Fernando 1

Auf dem Weg von der Altstadt in die östliche Neustadt liegt an der Calle de Alcalá **das großartige Museum der Akademie der Schönen Künste,** untergebracht in einem Stadtpalais von José Benito Churriguera (1725). Zu seinen Schätzen zählen ein Dutzend erstrangiger Werke von Goya, z.B. das Selbstbildnis von 1815, das »Irrenhaus« und die »Beerdigung der Sardine« (Saal 2). Von Zurbarán sind herrliche Mönchsbilder (Saal 3) ausgestellt, von Velázquez die Porträts von Felipe IV. und Mariana de Austria (Saal 4). El Greco ist mit einem »San Jerónimo als Büßer« (Saal 20) vertreten; Gemälde von Rubens und van Dyck hängen in Saal 8, ebenso die skurrile Frühlingsallegorie des Mailänder Obstfreundes Giuseppe Arcimboldo (http://rabasf. insde.es, Di–Fr 9–14, 16–19, Sa ab 9.30, So, Mo 9–14.30 Uhr).

In der sich anschließenden **Calcografía Nacional** werden Radierungen und Druckplatten aus vier Jahrhunderten gezeigt. Darunter befinden sich u.a. die Originale für Goyas große und bekannte Radierungsserien »Caprichos«, »Desastres de la Guerra«, »Tauromaquia« und »Disparates« (www.calcografianacional.com).

Iglesia de las Calatravas 2

Eingezwängt zwischen repräsentative Geschäfts- und Bankhäuser des frühen 20. Jhs., wie sie die Calle de Alcalá prägen, erhebt sich weiter östlich der barocke Kuppelbau. Er entstand 1678 nach Entwürfen des Augustiners Fray Lorenzo de San Nicolás, wurde aber gut 200 Jahre später nach dem Vorbild der norditalienischen Renaissance umgestaltet. Früher war die Kirche Teil einer Niederlassung des Calatrava-Ritterordens, der während der Reconquista fanatische Krieger gegen die Ungläubigen stellte. Das imposante *Barockretabel gilt als ein Hauptwerk von José Benito Churriguera.

Círculo de Bellas Artes 3

Auf der anderen Straßenseite, etwa gegenüber dem fotogenen Edificio Metrópolis, sollte man

Preziosen in der Calle de Alcalá

nicht am **Círculo de Bellas Artes** vorbeilaufen, ohne einen Blick in

dieses wunderschöne Café des Kulturvereins zu werfen. Der Eingang befindet sich in der Calle Marqués de Casa Riera. Der Zutritt ist auch für Nichtmitglieder gestattet (Eintritt 1 €). Rund um einen marmornen Frauenakt von Moisés Huerta (1910) trafen und treffen sich noch heute Kunst- und Theaterinteressierte zum Gedankenaustausch. Der Stammsitz des Círculo, 1926 von Antonio Palacios errichtet, ist ein typisches Beispiel für die Madrider Bauweise dieser Ära: eigenwillig und ein wenig großspurig, aber nicht ohne urbane Eleganz. In den Räumlichkeiten des Vereins finden auch öffentliche Veranstaltungen statt, z.B. wechselnde Ausstellungen.

Was gerade läuft, kann man der Tagespresse oder Webseite entnehmen: www.circulobellasartes.com.

*Plaza de la Cibeles

An dem verkehrsumtosten Platz trifft die Calle de Alcalá auf den breiten Paseo del Prado. Zentraler Blickfang des Platzes ist der **Cibeles-Brunnen** aus dem 18. Jh. von Francisco Gutiérrez. Kybele, die Magna mater der Römer und uralte Fruchtbarkeitsgöttin aus Kleinasien, gilt als eines der Wahrzeichen Madrids. Die grandiose Kulisse für ihr Löwengespann bilden mehrere Prachtbauten. Nicht wie ein funktionelles Postamt, eher wie eine Kathedrale (Spitzname: Nuestra Señora de las Comunicaciones) wirkt der riesige **Palacio de las Comunicaciones**, 1917 nach Plänen von Antonio Palacios vollendet. Gegenüber residiert die spanische Notenbank (Banco de España) in einem repräsentativen Bau im Stil der Neorenaissance. Nicht weniger aufwendig zeigt sich der **Palacio de Linares,** ein früherer Adelspa-

last aus dem 18. Jh., der seit dem Kolumbusjahr 1992 das spanisch-lateinamerikanische Kulturinstitut Casa de América beherbergt. Die eleganten Säle und das Treppenhaus aus kostbarem Carrara-Marmor können besichtigt werden (nur Sa/So geführte Touren auf Englisch und Spanisch um 11, 12 und 13 Uhr, www.casamerica.es, Vorbestellung im Kaufhaus Corte Inglés, Tel. 902 40 02 22).

**Parque del Retiro

Jenseits der Plaza de la Cibeles krönt der harmonisch proportionierte Triumphbogen *Puerta de Alcalá 4 die gleichnamige Straße. Francisco Sabatini schuf das Bauwerk 1778 im von Carlos III. bevorzugten Stil des Klassizismus. Etwa in Höhe des Tors liegt rechter Hand der Haupteingang zum Parque del Retiro. **Die 120 ha große Oase mitten in der Großstadt** geht auf die Sommerresidenz Felipes IV. ❯ S. 110 zurück. An die Tradition der höfischen Theateraufführungen von damals knüpfen jedes Wochenende Musiker, Magier, Pantomimen und Puppenspieler an. An sonnigen Sommersonntagen schieben sich Massen von Müßiggängern an den Kleinkünstlern vorbei. Im Schatten alter Bäume widmen sich Schach- und Dominospieler ihrem Hobby, während im Musikpavillon das Stadtorchester zum Mittagskonzert bittet.

Ein bei den Madrilenen beliebter Platz zum Sonnen und Entspannen ist das **Monumento a**

Alfonso XII. am Ufer des künstlichen Sees. Das Ensemble aus einer halbrunden Säulenhalle und dem mächtigen Reiterstandbild des Königs von Mariano Benlliure wurde im Jahre 1922 eingeweiht. Hübsch anzusehen sind auch die beiden Ausstellungssäle **Palacio de Velázquez** und **Palacio de Cristal** (beide aus dem 19. Jh.). Letzterer, ein anmutiger Glaspalast, gehört heute zum Centro de Arte Reina Sofía und wird zurzeit renoviert.

Das Südende des Paseo República de Cuba schmückt das einzige Denkmal, das jemals eine Stadt dem Teufel gewidmet haben soll: der **Fuente del Ángel Caído,** eine neobarocke Spielerei des Bildhauers Ricardo Bellver aus dem Jahr 1885.

El Buen Retiro – die große Illusion

Ungepflasterte Straßen, knöchelhoher Schlamm und Exkremente, frei laufende Schweine – so ähnlich muss man sich Madrid im 17. Jh. vorstellen. Felipe IV., der 1621 als 16-Jähriger den Thron bestieg, hatte freilich ganz andere Ambitionen, als für Ordnung und Hygiene zu sorgen. Von seinem Premierminister, dem Conde-Duque de Olivares, ließ sich der gebildete Herrscher eine bessere Welt einrichten. Der Palacio del Buen Retiro (span. »Ruhesitz«) unweit des Klosters San Jerónimo war 1633 schlüsselfertig; Ballsaal, Theater, See und Lustgärten kamen bis 1643 hinzu.

Für das gigantische Projekt, das rund 1000 Arbeiter beschäftigte, wurden die Steuern und der Ausstoß von Münzgeld erhöht. Als entscheidende Schlachten gegen England, Frankreich und Holland längst verloren waren, Katalonien und Portugal rebellierten und Spanien aufgrund der Kriegslasten vor dem Ruin stand, schwelgten König und Adel noch immer in barocken Fantasien vom Goldenen Zeitalter.

Den reinsten Ausdruck fand diese Denkart im Hoftheater, Felipes größtem Faible – gern trat der Monarch selbst als Schauspieler auf. Für die Freilichtbühne war nichts zu teuer und raffiniert genug; der italienische Theatertechniker Cosimo Lotti ließ Wunder wahr werden: Mittels mechanischer und optischer Tricks sanken auf dem See komplette Kriegsflotten, Engel und Götter flogen durch die Luft, Gewitter und Erdbeben erschütterten den Retiro. Felipes Hofdichter, Pedro Calderón de la Barca (»Das Leben ein Traum«, »Das große Welttheater«), versorgte das süchtige Publikum mit dem richtigen Stoff.

Der schöne Schein überdauerte kaum ein Jahrhundert, denn die Bourbonen fanden keinen Gefallen an der Palaststadt. El Buen Retiro, der sogar Louis XIV. beeindruckt haben soll, verfiel. Im Unabhängigkeitskrieg 1808 bis 1813 wurden die meisten Bauten zerstört. Nur der Casón del Buen Retiro ❯ S. 125, das Heeresmuseum ❯ S. 125 und der Parque del Retiro erinnern heute noch an die einstige Pracht.

In den **Freiluftcafés** erfrischt man sich mit *granizado* (zerstoßenes Eis mit Zitronensirup) oder *horchata de chufas* (Mixgetränk aus aromatischen Erdmandeln).

Museo Arqueológico Nacional 5

Biegt man an der Puerta de Alcalá (Plaza de la Independencia) nach Norden in die Calle de Serrano ein, gelangt man nach 200 m zum Archäologischen Museum. Die Sammlung, von Königin Isabel II. per Dekret begründet und seit 1895 in diesem Gebäude untergebracht, umfasst Fundstücke von unschätzbarem Wert aus allen Epochen iberischer Historie.

Im Garten links neben dem Eingang lädt ein originalgetreuer **Nachbau der Höhle von Altamira** dazu ein, die Felsmalereien der »Sixtinischen Kapelle der Steinzeit« zu bestaunen. Im Untergeschoss des Hauptgebäudes dokumentieren vorgeschichtliche Exponate die kulturellen Zusammenhänge zwischen Spanien, Nordafrika, Griechenland und anderen frühen Zivilisationen des Mittelmeerraumes.

Ein Höhepunkt der Archäologischen Sammlung im Hauptgeschoss ist die keltiberische Kalksteinbüste der **Dama de Elche** (ca. 475 v. Chr.) in Saal 20. Bis heute rätseln die Forscher, ob die berühmte Figur mit dem kostbaren Kopfschmuck und dem unergründlichen Lächeln eine Hohepriesterin, die Göttin des Todes oder des ewigen Lebens verkör-

Eine geflügelte Statue an der Fassade des Archäologischen Museums

pert; jedenfalls diente ein Hohlraum im Rücken der Statue zur Aufnahme der Asche verstorbener Fürsten.

Aus der Römerzeit (Säle 21 bis 26) stammen u.a. schöne **Fußbodenmosaike** sowie eine Sonnenuhr aus der Gegend von Cádiz. Die Kronjuwelen der Westgoten vereint der Schatz von Guarrázar, der im 19. Jh. bei Toledo ausgegraben wurde (Saal 29). Von den Mauren, die ab dem 8. Jh. die Westgoten verdrängten, stammen beeindruckende Kunstobjekte, z.B. ein reich dekorierter **Torbogen** aus dem Aljafería-Palast von Zaragoza. Das Zeitalter der Reconquista ist durch das **Elfenbeinkruzifix** des kastilischen Königspaares Fernando I. und Sancha (11. Jh.) vertreten sowie durch romanische und gotische Altäre, Säulenkapitelle und andere Gegenstände christlicher Sakralkunst (Säle 32 bis 35).

Weitere Entwicklungslinien des Kunsthandwerks vom Mudéjarstil bis zum Spätbarock stellen die Säle im Obergeschoss vor, die sukzessive renoviert werden und daher zum Teil geschlossen sind (www.man.es, Di–Sa 9.30–20, So 9.30–15 Uhr).

An der Plaza de Colón

Nördlich des Archäologischen Museums im Südosten des Platzes erinnern die **Jardines del Descubrimiento** an die Fahrten des Christoph Kolumbus. Vier Steinquader aus der Werkstatt von Joaquín Vaquero (1977) stehen für die Karavellen, mit denen sich der Entdecker von Königs Gnaden 1492 erstmals gen »Indien« aufmachte. Der Genuese überblickt als Säulenheiliger in neogotischer Ausführung (1885) den Platz. An dessen Westseite verbirgt sich hinter einer rauschenden Wasserkaskade das **Centro Cultural de la Villa,** bekannt für sein ausgezeichnetes Theater-, Konzert- und Ausstellungsprogramm.

Weiter südlich am Paseo grenzt die **Biblioteca Nacional 6** an das Archäologische Museum (www.bne.es). Die Statuen am Aufgang stellen u.a. Cervantes, Lope de Vega und Alfons den Weisen dar. Im angeschlossenen ***Museo del Libro** kann man rund 500 Perlen des 3,5 Mio. Bücher, Manuskripte und Graphiken umfassenden Bestandes auf interaktive Weise auf dem Bildschirm betrachten. So besitzt die Bibliothek die Urfassung des anonymen Nationalepos »Cantar de Mío Cid« (12. Jh.), sämtliche Erstausgaben von Cervantes sowie die grundlegende kastilische Grammatik von Antonio de Nebrija aus dem Jahr 1492.

Ebenfalls untrennbar mit der spanischen Literaturgeschichte

Spanische Dichter und Denker an der Freitreppe der Biblioteca Nacional

verbunden ist das ***Café Gijón** **7** auf der Straßenseite schräg links gegenüber: In dem 1888 gegründeten Lokal verkehrten von Ramón Valle-Inclán über Salvador Dalí und Luis Buñuel alle Madrider Intellektuellen von Rang.

Restaurant

Teatriz
Calle de Hermosilla, 15
Tel. 915 77 53 79
Ein Abstecher zum Teatriz lohnt sich: Stardesigner Philippe Starck hat das ehemalige Theater zu einem Restaurant mit Tapas-Bar umgebaut und Bühne und Parkett in ein postmodernes Gesamtkunstwerk einbezogen.

8 Calle de Serrano

Der älteste Teil des Nobelviertels Salamanca (1864–1871) erstreckt sich an der Calle de Serrano etwa vom Archäologischen Museum bis zur Querstraße Calle Don Ramón de la Cruz. Initiator der planmäßigen Stadterweiterung war der Bankier und Geschäftsmann Marqués José de Salamanca y Mayol; 1867 trieb ihn das Projekt in den Ruin. Die neuen Luxuswohnungen, die – eine Madrider Premiere – serienmäßig mit WC-Spülung ausgestattet waren, fanden zunächst nicht genug zahlungskräftige Abnehmer. Gebaut wurden die gediegenen Bürgerpalais alle nach demselben Schema, das z.B. anhand der Hausnummern 18–62 in der Calle de Serrano deutlich wird: Architekt Carlos Lecumberri ordnete die stattlichen rechteckigen Anwesen um einen begrünten Patio

herum an. Einblick in einen solchen Innenhof hat man etwa im Einkaufszentrum Jardín de Serrano (s.u.).

Für den gepflegten Einkaufsbummel sind die Calle de Serrano und ihre Nebenstraßen bestens geeignet. Neben den Boutiquen internationaler Modemacher haben sich hier auch die Vertreter der spanischen Alta Moda › S. 119 niedergelassen. Unbedingt besuchenswert sind weiterhin die kleinen, aber feinen Einkaufszentren **El Jardín de Serrano** (Eingang: Goya, 6–8), **Serrano** (Serrano, 88) sowie das **ABC Serrano,** das an den Paseo de la Castellana grenzt › S. 113.

Shopping

Ein appetitanregender Stadtteilmarkt ist der Mercado de la Paz an der **Calle de Ayala, 28** mit seinem edlen Angebot an Meeresfrüchten, Fleisch und frischem Gemüse.

Restaurant

Club 31
Alcalá, 58][**Tel. 915 31 00 92**
Eine Institution: schickes In-Restaurant mit Türsteher; ausgezeichnete spanische Küche aus allen Regionen. ●●●

Paseo de la Castellana

Der Paseo, kurz La Castellana genannt, durchzieht als Verlängerung des Paseo del Prado bzw. Paseo de Recoletos praktisch die halbe Stadt in Nord-Süd-Richtung. Von der Plaza de Colón bis zum Stadtrand misst der sechsspurige Corso gut 6 km, stellenweise ist er 130 m breit. Eilige

Besondere Museen

■ **Museo Arte Público:** Beiderseits der Castellana sind Skulpturen u.a. von Eduardo Chillida, Julio González, Joan Miró zu bewundern (s.u.).

■ **Museo Naval:** Im Hauptquartier der spanischen Marine sind Schiffsmodelle, nautische Instrumente und alte Seekarten ausgestellt (**Eingang C. Montalbán, 2, Ⓜ Banco de España**, Di–So 10–14 Uhr).

■ **Museo de Artes Decorativas:** Das Kunstgewerbemuseum zeigt Porzellan, Glas, Schmuck, Möbel, Textilien und Teppiche (15.–19. Jh.). Prunkstück ist eine mit *Azulejos* ausgekleidete Küche des 18. Jhs. (**C. Montalbán, 12, Ⓜ Banco de España**, Di–Fr 9.30–15, Sa, So 10–15 Uhr, So frei).

■ **Museo Infante de Orleans** (Aeropuerto Cuatro Vientos): Sammlung historischer Flugzeuge, z.B. die De Havilland »Dragon Rapide«, mit der Franco 1936 von den Kanaren nach Spanisch-Marokko flog (Anfahrt per Bus 483, 486, 487 ab Ⓜ **Oporto** und **Aluche**, Info unter **Tel. 913 21 18 57, www.fio.es**, Di–Sa 11–14 Uhr; Flugschau jeden 1. So des Monats).

■ **Museo Nacional del Ferrocarril:** Loks, Waggons und Modelle aus 150 Jahren Eisenbahngeschichte in einem stillgelegten Bahnhof von 1880 (**Paseo de las Delicias, 61, Ⓜ Delicias, www.museodelferrocarril.org**, Di–So 10–15 Uhr).

■ **Museo Taurino:** Das Museum der monumentalen Stierkampfarena Las Ventas ist ein Muss für Aficionados. Tickets und Infos zu aktuellen Corridas: www.las-ventas.com (Ⓜ **Las Ventas**, Di–Fr 9.30–14.30 Uhr).

Pendler, rasante Motorrad- und Taxifahrer betrachten die Castellana gern als private Rennstrecke – sofern der Berufsverkehr nicht gerade im Stau erstickt. Bis ins 19. Jh. war der Boulevard, der etwa doppelt so lang wie die Pariser Champs-Elysées ist, nicht mehr als ein ausgetrocknetes Flussbett. Erst ab 1860 wurde es gezielt in die Stadterweiterung einbezogen. Nur wenige Bürgerpaläste aus dieser Zeit stehen noch vereinzelt zwischen den Geschäftshäusern nahe der Plaza Colón. Nach dem Krieg nahm Franco den Paseo de la Castellana für Militärparaden in Beschlag und benannte ihn konsequenterweise in Avenida del Generalísimo um. In den 1960er-Jahren trieben Spekulanten die Bodenpreise so hoch, dass sich nur mehr ausländische Investoren, Banken und Großkonzerne den Luxusstandort leisten konnten.

Der **städtische Bus der Linie Nr. 27** (Atocha–Plaza de Castilla) befährt den Paseo de la Castellana fast in der gesamten Länge – die preiswerteste Art des Sightseeing.

An dem von modernen Zweckbauten geprägten Paseo de la Castellana fällt das **Edificio ABC-Blanco y Negro 8** besonders auf. Das frühere Verlags- und Pressehaus im andalusischen Stil wurde in ein attraktives Einkaufszentrum für alle umgewandelt.

Einige Schritte nördlich des Einkaufszentrums veredelt das **Museo Arte Público 9** eine Unterführung zum Freilichtmuseum für abstrakte Plastik (s.o.).

La Bodega del Alcalde im Einkaufszentrum **Edificio ABC-Blanco y Negro** bietet z.B. edle Weine aus allen spanischen Anbaugebieten, echten katalanischen Cava, Sherry und Brandy an.

Museo Lázaro Galdiano 10

Auf seine Art ebenso unkonventionell ist das Museo Lázaro Galdiano an der Calle Serrano, 122. In seinem um 1900 erbauten Palacio Parque Florido häufte der Schriftsteller und manische Sammler José Lázaro Galdiano (1862–1947) auf vier Stockwerken eine Fülle an Kunstschätzen an: von Uhren, Fächern und Schmuck über Keramik und Miniaturen bis hin zu Waffen und Möbeln.

Besonders sehenswert sind die Gemälde im zweiten Stock, etwa die große »Kreuzabnahme«, eine »Hexenszene« und weitere Werke von Goya, ein »Rosenwunder« von Zurbarán, die »Sieben Todsünden« von Hieronymus Bosch, der Leonardo da Vinci zugeschriebene Christuskopf sowie Bilder von Murillo, Ribera, El Greco und vielen anderen. Hochkarätig vertreten ist die englische Malerei, u.a. mit Werken von John Constable, Thomas Gainsborough und William Turner (www.flg.es, (Tel. 915 61 60 84, Mi–Mo 10 bis 16.30 Uhr).

*Museo Sorolla 11

Überquert man die Castellana auf Höhe der Glorieta de Emilio Castelar, lohnt eine weitere Kunststiftung einen kurzen oder längeren

Heitere Impressionen vom »Maler des Lichts« im Museo Sorrolla

Besuch: Das Museo Sorolla präsentiert in den ehemaligen Wohnräumen und Ateliers des valencianischen Impressionisten Joaquín Sorolla (1863–1923) dessen schönste Bilder. In Spanien ist der Impressionist vor allem für seine stimmungsvollen Strandszenen berühmt. Weiß gekleidete Damen, badende Kinder, Strohhüte; Sonne, die durch Jalousien fällt – Sorollas Welt ist erfüllt von strahlenden Pastelltönen, der Wirkung von Licht und seinen Reflexen. Thematisch werden die einfachen Freuden des Lebens malerisch in Szene gesetzt (C. Gral. Martínez Campos, 37, Di bis Sa 9.30–20, So 10–15 Uhr; So Eintritt frei).

*Naturkundemuseum 12

Folgt man der Castellana weiter nach Norden, gelangt man zum **Museo Nacional de Ciencias Naturales,** das oberhalb eines Denkmals für Isabella von Kastilien residiert. Der stattliche Bau von

1887 trägt eine gefällige Ziegelfassade im Stil der Neorenaissance. Die Sammlung selbst geht auf das Königliche Kabinett für Naturgeschichte zurück, das Fernando VI. begründete. Das nach langem Dornröschenschlaf 1994 wiederbelebte und gründlich entstaubte Museum präsentiert zahlreiche Exponate zu Geologie, Mineralogie sowie zur Zoologie und Paläontologie.

Besonders bei Schulklassen stehen die **Dinosaurierskelette hoch im Kurs.** Als Kostbarkeit gilt das 1,8 Mio. Jahre alte Skelett eines Riesenfaultiers (lat. *Megatherium americanum),* das der Dominikanermönch Manuel Torres im Jahr 1788 im argentinischen Luján entdeckt hatte (www. mncn.csic. es, Di–Fr 10–18, Sa 10–20, So 10–14 Uhr).

Echt gut!

Nuevos Ministerios 🔟

Wo sich jetzt der granitgraue Komplex der »Neuen Ministerien« erstreckt, befand sich bis 1932 eine Pferderennbahn. Der Büroblock wurde in der Zweiten Republik geplant, aber erst in den 1950er-Jahren vollendet. Etwas aufgelockert hat die monumentale Erscheinung des Ensembles die verglaste Arkadenfront zur Castellana (1982) und – direkt vor dem Gebäude – die Skulptur einer überdimensionalen Hand von Fernando Botero.

*Urbanización AZCA

Ein Symbol der fortschrittseuphorischen Jahre des spanischen Wirtschaftsbooms ist die Urbanización AZCA (Alta Zona de la Castellana). Bereits 1959 lieferte der Architekt Antonio Perpiñá

Himmelstrebende Moderne: Der Torre Europa an der Castellana

das Konzept für dieses hypermoderne Büro- und Einkaufsviertel. Zur Ausführung kamen seine Planungen erst nach 1964, als mit der **Torre Corte Inglés** der Anfang gemacht wurde. Den Verkehr verlegten die Stadtplaner unter eine weitläufige Fußgänger- und Parkesplanade, die auf mehreren Ebenen mit Geschäftstürmen und Einkaufszentren verbunden ist.

Höchst umstritten war die **Torre BBV 14** IQ (Banco Bilbao-Vizcaya) schon während der Bauzeit von 1974 bis 1982, weil Architekt Francisco Javier Saínz de Oiza für die Außenhaut des 108 m hohen Komplexes eine Stahllegierung wählte, deren Farbe durch Oxidierung im Lauf der Zeit ins Rostrote changiert.

Das höchste Bauwerk der Urbanización AZCA ist die ***Torre Picasso 15** aus dem Jahr 1988 (157 m, 43 Stockwerke, Helikopter-Landeplatz). Architekt war der Japaner Minoru Yamasaki, der zuvor das New Yorker World Trade Center geschaffen hatte. Die Klimaanlage und die Sicherheitsvorkehrungen in dem weißen Giganten aus Aluminium und Glas werden von Computern gesteuert; keiner der 4700 Angestellten kann ohne einen Passierschein sein Büro betreten.

Den nördlichen Rand der AZCA markieren das Einkaufszentrum **Moda Shopping** sowie die **Torre Europa 16** von Miguel Oriol e Ybarra (1988), deren besonderen Blickfang eine ovale

– **5** – Castellana

Turmuhr zur Plaza de Lima hin ist. Trotz der ehrgeizigen Lösungen der Architekten für das Urbanisierungsprojekt hat sich eine ihrer Erwartungen offenbar nicht erfüllt: Der AZCA-Komplex ist kein lebendiges Forum der Stadt geworden, wo man sich auch nach Dienstschluss gern privat aufhält. Nach Büroschluss sind die Betonplätze menschenleer und die möglichen Treffpunkte weitgehend verwaist.

Zur *Puerta de Europa

Der rechteckige **Palacio de Congresos** 🔢, nördlich der AZCA, wurde 1980 mit einem riesigen Keramik-Wandbild nach Entwürfen von Joan Miró verschönert. Gegenüber erhebt sich die Betonschüssel des **Estadio Santiago Bernabéu** 🔢 (105 000 Plätze), seit 1947 Schauplatz ungezählter Triumphe des Spitzenklubs Real Madrid. Ein kleines Museum mit Trophäenzimmer informiert über das Stadion und den Verein (C. Concha Espina 1, Ⓜ Santiago Bernabéu, www.realmadrid.com, Mo geschl.).

An der **Plaza de Castilla,** direkt hinter einem monumentalen Denkmal für den 1936 ermordeten Monarchistenführer José Calvo Sotelo, ragen die wohl augenfälligsten Beispiele aktueller Madrider Baukunst empor: die sich einander zuneigenden Zwillingstürme der ***Puerta de Europa** 🔢 (nach dem Bauträger auch Torres KIO genannt), konstruiert vom amerikanischen Stararchitekten Philip Johnson und seinem Partner John Burgee. An einem Knotenpunkt zweier Ausfallstraßen nach Norden gelegen, soll der 27-stöckige Hightech-Triumphbogen die Öffnung Spaniens in Richtung Europa widerspiegeln.

Die Türme der Puerta de Europa sind 114 m hoch

Spanischer Schick

Auch wenn sie selbstverständlich in Madrid vertreten sind: Es müssen ja nicht immer internationale Größen sein. Spanische Modedesigner genießen bei Insidern einen hervorragenden Ruf. Dies gilt nur für die luxuriöse Alta Costura, die hohe Schneiderkunst, sondern auch für kleine Hersteller, deren Kreationen nicht nur preislich für alle tragbar sind.

■ **Custo,** Fuencarral, 29, www.custo-barcelona.com, Ⓜ Chueca. Katalanischer Modeüberflieger, stattet halb Hollywood mit Streetwear aus.

Die Top-Marken

Neben Madrider Modezaren sind es vor allem Designer aus Galicien, València und Katalonien, die den Ton angeben. Der Trend geht zu Reduktion und Minimalismus; die spanische Neigung zur Extravaganz macht sich jedoch immer wieder mit erfrischenden Provokationen Luft.

■ **Agatha Ruiz de la Prada**
Serrano, 27, www.agatharuizdela prada.com, Ⓜ Serrano
Mehr Show-Room als Laden; originelle und vielseitige Mode.

■ **Antonio Pernas**
Claudio Coello, 46, www.antonio-pernas.es, Ⓜ Serrano
Der bekannte Designer aus Galicien pflegt den aktuellen Mode-Minimalismus.

■ **Amaya Arzuaga**
Lagasca, 50, www.amayaarzuaga. com, Ⓜ Serrano
Junge Designermode mit gelegentlichen Punk-Anleihen.

■ **Kina Fernández**
Claudio Coello, 75, www.kina fernandez.es, Ⓜ Núñez de Balboa
Zeitgemäße Damenmode für jede Generation.

■ **Purificación García**
Serrano, 28, www.purificacion garcia.es, Ⓜ Serrano
Damen- und Herrenmode mit betontem Understatement.

Vom Scheitel bis zur Sohle

In puncto Lederwaren, Schuhen, Accessoires und Dessous ist Spanien traditionell ein gutes Shoppingrevier. Madrid glänzt nicht nur mit Designerboutiquen, sondern auch mit alteingesessenen Familienbetrieben.

■ **Accessorize**
Hermosilla, 27, Ⓜ Goya. Große Auswahl an Taschen, Schuhen, Gürteln, Hüten, Strümpfen und Modeschmuck aller bekannten Marken.

■ **Calzados Lobo**
Toledo, 30, Ⓜ La Latina. Schönes altes Schuhgeschäft. Spezialität: Alpargatas (Stroh-/Stoffsandalen) ; Flamenco-Tanzschuhe.

■ **Lurueña**
u.a. Gran Vía, 60, Ⓜ Callao. Markenschuhe, oft im Preis deutlich reduziert.

■ **Asuntos Internos**
Fuencarral, 2, Ⓜ Gran Vía. Herrenunterwäsche, mal klassisch, mal frivol.

■ **Oh! Qué Luna**
Ayala, 32, Ⓜ Serrano.
Dessous, edle Nacht- und Bettwäsche.

Jung, flippig, angesagt

Street Wear, Club Wear, Urban Wear: Inspiriert von Hip Hop, Techno und MTV geht die junge Mode eigene Wege. Teens und Twens werden in diesen In-Boutiquen der Szene fündig:

■ **No Comment**
Fuencarral, 39, Ⓜ Gran Vía.
Ausgeflipptes für Sie und Ihn.

■ **Pepita is Dead**
Doctor Fourquet, 10, Ⓜ Lavapiés. Designerin Cristina Guisado setzt auf den Retro-Look der 1960er- und 1970er-Jahre.

■ **Miss Sixty**
Mesonero Romanos, 2, Ⓜ Callao. Trendige Mode auf drei Etagen.

■ **Supreme**
Martín de los Heros, 24, M Ventura Rodríguez. Sneakers, Kapuzenshirts, superweite Jeans, Accessoires aller Art.

Shoppen und Sparen

Die beste Zeit für Schnäppchenjäger liegt zwischen Ende Juni und Anfang Juli: Kurz vor den großen Ferien beginnt der jährliche Schlussverkauf (rebaja). Aber auch sonst gibt es reichlich Gelegenheiten zum Sparen: Viele Boutiquen haben sich auf Designerware zu Großhandels- oder Auslaufkonditionen spezialisiert.

■ **L'Habilleur**
Plaza de Chueca, 8, Ⓜ Chueca. Schöner Laden mit reduzierter Designerware der letzten Saison.

■ **Las Rozas Village,** 30 Busminuten nördlich der City (Linien 625 und 628 ab Moncloa). Designer-Outlets mit Nachlässen von bis zu 60 %.

■ **Zara**
Princesa, 45, Ⓜ Argüelles. Die spanische Antwort auf H&M – bezahlbarer Schick, Sonderangebote rund ums Jahr. Filialen (fast) überall in der Stadt.

Mercado de Fuencarral

Eine magische Adresse für junge Modefreaks ist der Mercado de Fuencarral, Fuencarral, 45, Ⓜ Tribunal (Mo–Sa 10–21 Uhr). Sie finden hier von Clubwear über Accessoires bis zum Piercing alles, was man zum Stylen so braucht.

Am Paseo del Prado

Nicht verpassen!

- Im Prado: die Meisterwerke von Velázquez, Goya, Bosch und El Greco
- Picassos Guernica im Centro de Arte Reina Sofía
- Expressionismus und Moderne im Museo Thyssen-Bornemisza
- Die Estación de Atocha, der vielleicht schönste Bahnhof Europas.

Zur Orientierung

(Fast) alles auf diesem Rundgang dreht sich um die große Malerei, denn allein das »Dreieck der Kunst« am Paseo del Prado mit seinen Eckpunkten lohnt die Reise nach Madrid. Nur einen zehnminütigen Spaziergang voneinander entfernt liegen hier drei der bedeutendsten Pinakotheken der Welt. Einen Monat im Museum könnte man wohl veranschlagen, wollte man sich in aller Ruhe mit den Schätzen auseinandersetzen. Allein das grandiose Museo del Prado zeigt mehr als 2000 Einzelwerke in 120 Sälen, durch die jährlich zwei Millionen Besucher geschleust werden. Der Neubau aus dem Jahre 2007 erhöht die Attraktivität des Prado zusätzlich, denn hier werden in wechselnden Ausstellungen immer wieder neue und überraschende Bezüge zu den alten Meistern hergestellt.

Die perfekte Ergänzung zum Prado ist das Museo Thyssen-Bornemisza, dessen Besuch eine Zeitreise durch die westliche Kunstgeschichte von der Renaissance bis zur Pop Art ist – wohl keine andere Privatsammlung der Welt kann eine derartige Fülle von hochkarätigen Gemälden aller Epochen aufbieten. Das Centro de Arte Reina Sofía schließlich konzentriert sich ganz auf die Moderne; die spanischen Surrealisten und vor allem Picassos Guernica, vielleicht das berühmteste Gemälde der neueren Kunst überhaupt, stehen im Mittelpunkt des Museums.

Im neuen Trakt des Prado werden Ausstellungen gezeigt

Tour am Paseo del Prado

Wem so viel Pflichtprogramm Angst macht, der kann auf der weitläufigen Platanen-Allee des Paseo del Prado auch schlicht und einfach flanieren und entspannen. Außerdem bieten der schöne Jardín Botánico und der Mini-Regenwald im Bahnhof Atocha ideale Möglichkeiten für nicht-museale Pausen bei jedem Wetter.

Paseo del Prado

– ❻ – ***Museo del Prado ›
**Museo Thyssen-Bornemisza
› **Centro de Arte Reina
Sofía › *Estación de Atocha ›
*Real Fábrica de Tapices

Dauer: mindestens ein ganzer Tag; besser: drei halbe Tage
Praktische Hinweise: Startpunkt ist Ⓜ Banco de España, Endpunkt Ⓜ Atocha. Idealerweise besucht man die Museen jeweils am frühen Vormittag oder frühen Abend, um den Besuchermassen (vor allem im Museo del Prado) auszuweichen. Wer alle drei Museen sehen möchte, nimmt sich das günstigere Kombiticket »Paseo del Arte« (14,40 €). Unter www.prado.es kann man einen Saalplan im PDF-Format ausdrucken und auch Prado-Eintrittskarten kaufen; dies erspart zwar das Schlangestehen an der Kasse, legt den Besuch aber auf die Stunde genau fest.

Das Museo del Prado wurde 1819 als Kunstgalerie eröffnet

🔶9 ***Museo del Prado ❶

Um das Museo del Prado, die einzigartige königliche Gemäldesammlung, machten sich schon die Habsburger verdient, lange bevor eine öffentliche Pinakothek in Madrid existierte. Karl V. und sein Sohn Felipe II. legten den Grundstock, indem sie Bilder von Tizian und Bosch erwarben. Der kunstsinnige Felipe IV. wies seine Vizekönige und den Hofmaler Velázquez an, in Italien, Flandern und ganz Spanien Werke von höchstem Rang dazuzukaufen – erstaunlich genug, dass die spanischen Herrscher entgegen ihren sonstigen Gepflogenheiten die Sammlungen ihrer Kunstgalerie niemals durch Raub oder Enteignung bereicherten. Kurz vor seinem Tod 1665 verfügte Felipe IV., dass auch nicht der kleinste Teil

123

der Gemälde jemals veräußert werden dürfe. Daran hielt sich auch die Dynastie der Bourbonen, die nach 1701 zum Gedeihen der Sammlung beitrug, obwohl beim Großbrand des Alcázar zu Weihnachten 1734 über 500 Meisterwerke den Flammen zum Opfer fielen. Den Bau des Museo del Prado gab 1785 Carlos III. in Auftrag, der darin allerdings eine naturkundliche Sammlung unterbringen wollte. 1806 war der Rohbau unter Leitung des Architekten Juan de Villanueva so weit fertiggestellt, dass ihn Napoleons Invasionstruppen als Pferdestall zweckentfremden konnten. Ausgerechnet Fernando VII., sonst ein ausgewiesener Reaktionär und Intellektuellenfeind, weihte den Prado 1819 als Kunstgalerie ein.

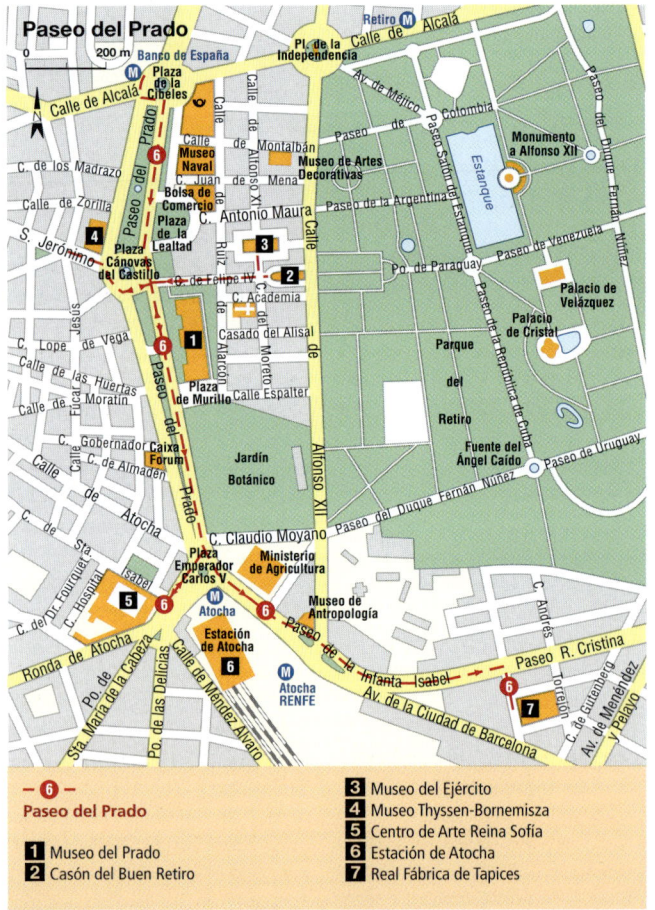

Paseo del Prado

— 6 —
Paseo del Prado

1 Museo del Prado
2 Casón del Buen Retiro
3 Museo del Ejército
4 Museo Thyssen-Bornemisza
5 Centro de Arte Reina Sofía
6 Estación de Atocha
7 Real Fábrica de Tapices

Casón del Buen Retiro ist das alte Ballhaus des Palastbezirks

Auf dem angrenzenden Areal des früheren Hieronymitenklosters schließt sich der kubische Anbau des Stararchitekten Rafael Moneo an. Der im Oktober 2007 eröffnete neue Trakt (»Edificio Jerónimos«) dient der Präsentation wechselnder Themenausstellungen. Die Museumsleitung kann auf den Bestand des Prado zurückgreifen; im alten Trakt (»Edificio Villanueva«) können nur 2000 Gemälde von insgesamt 12 000 ständig gezeigt werden.

Vorbei am **Hotel Ritz** ❭ S. 21, das 1910 von Alfonso XIII. eröffnet wurde und im Spanischen Bürgerkrieg als Lazarett diente, führt die Calle de Felipe IV. auf die Rückfront des **Casón del Buen Retiro** ② zu. Das alte Ballhaus, ein Relikt des verschwundenen Palastbezirks der Habsburger ❭ S. 110, wird komplett umgestaltet. Es soll als wissenschaftliche Außenstelle des Museo del Prado

dienen. Im zweiten erhaltenen Trakt des einstigen Palacio del Buen Retiro wurde 1841 das **Museo del Ejército** ③ eingerichtet. In diesem Militärmuseum sind neben Büsten längst vergessener Helden, mutigen Bleisoldaten und allerhand Kriegsgerät auch die Schwerter von Boabdil, dem letzten maurischen Herrscher in Granada, sowie des Reconquista-Helden El Cid zu sehen (Di–So 10 bis 14 Uhr, Sa Eintritt frei).

Tropische Pracht

An der Südseite des Museo del Prado liegt der 7 ha große *Jardín Botánico, der Botanische Garten, dessen Gründung dem aufklärerischen Carlos III. zu verdanken ist. Hier kann man ca. 30 000 Arten mediterraner und tropischer Pflanzen in Augenschein nehmen (tgl. 9–18, im Sommer bis 21 Uhr).

König der Maler: Velázquez thront am Eingang des Prado

Der Prado ist kein nach akademischen oder didaktischen Gesichtspunkten arrangiertes Museum; die Sammlung spiegelt den Geschmack der spanischen Könige vom 16. bis zum 19. Jh. wider. Ein roter Faden durch die Hallen ist deshalb nicht leicht ausfindig zu machen, auch, weil aus Platzgründen oft umgehängt werden muss (Plan und Katalog liegen auch auf Deutsch vor). Länder wie Holland oder England, zu denen in der Vergangenheit nie gute Beziehungen bestanden, sind kaum repräsentiert. Unübertroffen bleiben dagegen Zahl und Qualität der Hauptwerke einzelner Meister wie Tizian, Rubens, El Greco, Velázquez und Goya. Wer wenig Zeit hat, konzentriert sich am besten auf nur einen dieser Maler bzw. auf die Flämische oder die Venezianische Schule.

Hinter dem nördlichen sogenannten Goya-Eingang des Museums (davor steht ein Goya-Denkmal von Mariano Benlliure) passiert man zunächst in der Rotunde eine Statue Karls V. (16. Jh.). Den Auftakt bildet im Hauptgeschoss die **italienische Malerei** (Säle 5, 8a–9a). Vertreten sind u.a. Fra Angelico, Botticelli, Caravaggio, Giorgione und Raffael sowie vor allem die großen Venezianer Veronese, Tintoretto und Tizian. Letzterer galt als Intimus von Kaiser Karl V., den er als Hofmaler nach 1536 mehrfach porträtierte.

Felipe II. gab gern sogenannte *poesías* in Auftrag, mythologische Szenen wie »Bacchanal«, »Salomé«, »Danaë und der Goldregen«. Akte wie der der schönen Danaë, gemalt in Tizians berühmten warmen Farbtönen, wurden wegen moralischer Bedenken bis 1827 in der Kunstakademie unter Verschluss gehalten.

Das restliche Hauptgeschoss ist **spanischen Meistern** vorbehalten. José de Ribera, in seiner Wahlheimat Neapel als Lo Spagnoletto (»Der kleine Spanier«) bekannt, war im 17. Jh. der wichtigste Exponent des von Caravaggio inspirierten Hell-Dunkel-Stils, dem sogenannten *tenebrismo*. Mit bedeutenden Bildern sind auch Francisco Zurbarán, Spezialist für Mönchsporträts (»Der hl. Jakob von Alcalá«), und der Sevillaner Bartolomé Esteban Murillo (»Die Unbefleckte Empfängnis«) präsent. In die emotionale, ekstatische Welt El Grecos (u.a. »Kreuztragung«, »Anbetung der Hirten«) kann man sich in den Sälen 16b und 19–23 hineinversetzen lassen.

Velázquez

Einen Überblick über das Schaffen von **Diego Rodriguez de Silva y Velázquez,** von dessen Gesamt-Œuvre der Prado etwa die Hälfte besitzt, geben die Säle 12, 14–16, 18 und 60–63. Der Hofmaler von Felipe IV. beherrschte perfekt das Spiel mit dem glänzenden Schein des Goldenen Zeitalters; in seinen höfischen Szenen (»Las Meninas«, »Die Familie Felipes IV.«, »Las Hilanderas« und Porträts von Felipe IV.) stellte er den gekrönten Häuptern oft Zwerge, Narren und Hofdamen zur Seite. Er scheute sich zudem nicht, in Porträts und Gruppenbildern das hervorstechendste

Goyas Könige

Wer heute im Prado vor den vielen Porträts der Mächtigen steht, die Hofmaler Goya schuf, muss sich wundern – über die Unverfrorenheit des Künstlers ebenso wie über den Langmut der eingesetzten Modelle. Aus den Gesichtszügen so manches Porträtierten, darunter Könige, Minister, Bischöfe, Infantinnen wie Hofschranzen, lassen sich deren Ignoranz, Charakterlosigkeit oder sogar Heimtücke ablesen.

In dem berühmten Familienbildnis der Bourbonen stellte Goya dem dümmlich dreinblickenden, mit bunten Karnevalsorden dekorierten Carlos IV. eine zwar unansehnliche und aufgedunsene, aber bauernschlaue Regentin María Luisa zur Seite. Ihre Kinder ähneln nicht etwa dem Gatten, sondern Manuel de Godoy (1767–1851), dem einflussreichen Premierminister und Geliebten der Königin. Der arrogante Jüngling in Blau (am linken Bildrand) ist der älteste leibliche Sohn des Königs – der spätere Despot Fernando VII. Dahinter steht die ältliche Infantin María Josefa, Carlos' Schwester, deren vogelhafte Züge Goya mehrfach auf Leinwand bannte. Der Meister selbst verewigte sich im Hintergrund, den Betrachter anblickend wie einen stillen Mitwisser.

Lion Feuchtwanger beschreibt in seinem Roman »Goya oder Der arge Weg der Erkenntnis« (Aufbau Verlag TB 2001), wie die Könige das Bild aufnahmen: »Don Carlos gefiel es, er selbst gefiel sich. Und Doña María Luisa lobte ›Das ist ein treues, wahres Bild, geeignet, der Nachwelt zu zeigen, wie wir Bourbonen sind‹.«

Merkmal der Herrscherdynastie, das sogenannte Habsburgerkinn, zu betonen. Durch ihre von Inzucht geprägte Heirats- und Erbschaftspolitik gaben sie ihren Nachkommen nicht nur einen starken Unterkiefer mit. Carlos II., der letzte seiner degenerierten Sippe, litt an chronischen Krankheiten und war geistig behindert.

Top Ten der großen Kunst

- **Diego Velázquez:** Las Meninas (Die Hofdamen), Museo del Prado, Saal 12
- **Francisco de Goya:** Erschießung der Aufständischen, Museo del Prado, Saal 39
- **El Greco:** Bildnis eines Adeligen mit der Hand auf der Brust, Museo del Prado, Saal 10 a
- **Albrecht Dürer (span. Durero):** Selbstbildnis, Museo del Prado, Saal 55 b
- **Hieronymus Bosch (span. El Bosco):** Der Garten der Lüste, Museo del Prado, Saal 55
- **Peter Paul Rubens:** Die drei Grazien, Museo del Prado, Saal 9
- **Pablo Picasso:** Guernica, Centro de Arte Reina Sofía, 2. Stock, Saal 7
- **Salvador Dalí:** Der große Masturbator, Centro de Arte Reina Sofía, 2. Stock, Saal 9 a
- **Edward Hopper:** Hotelzimmer, Museo Thyssen-Bornemisza, Erdgeschoss, Saal 46
- **Caspar David Friedrich:** Ostermorgen, Museo Thyssen-Bornemisza, 1. Stock, Saal 31

Goya

Ein absoluter Höhepunkt ist die etwa 150 Arbeiten umfassende **Goya-Abteilung** (Säle 16b, 29, 32, 35–39, 85 und 90–94): Nicht verpassen sollte man Meisterwerke wie »Die Familie Karls IV.« ❯ S. 127, »Erschießung der Aufständischen am 3. Mai 1808« sowie »Die nackte Maja« und »Die bekleidete Maja« – beide wohl Bildnisse der schönen Herzogin von Alba, mit der das Malergenie eine Liebesaffäre gehabt haben soll. Ausgelassene Landpartien, anmutige Festszenen und spielende Kinder im Rokokostil prägen die Frühphase (»Weinlese«, »Hampelmann«), in der er seine Vorlagen für Gobelins der Real Fábrica de Tapices ❯ S. 132 schuf.

Goyas dunkle Seiten, die im Spätwerk überwiegen, lernt man dagegen im letzten Saal der Goya-Abteilung kennen. Die 14 *Pinturas negras,* darunter »Saturn frisst seine Kinder« und »Versinkender Hund«, bedeckten einst die Wände seines Landhauses. Es sind erschreckende Abbilder einer von Depressionen und innerer Zerrissenheit gepeinigten Seele.

Flämische Malerei

Das Untergeschoss ist außerdem der flämischen Malerei gewidmet. Hieronymus Bosch (span. El Bosco), dessen surreale Fantasien um die Themen Versuchung, Sünde und Apokalypse kreisen, war einer der Lieblingsmaler des strengen Felipe II. In Saal 56 a hängen Boschs »Garten der Lüste« und das »Heuwagen-Triptychon«. Anthonis van Dyck (»Der Judaskuss«), Pieter Brueghel d. Ä. (»Triumph des Todes«) und vor allem Peter Paul Rubens (»Die drei Grazien«, »Das Urteil des Paris«) setzen weitere Glanzlichter. Vom Holländer Rembrandt besitzt der Prado eine Darstellung der »Artemisia«.

Deutsche Renaissance

Albrecht Dürer (Selbstbildnis von 1498, »Adam und Eva«) und Hans Baldung Grien (»Die Lebensalter«) lassen die Säle 54 und 55 b zur Begegnung mit der deutschen Renaissancemalerei werden.

Das Bildnis eines betenden Mannes von Hans Memling

Info

Der **Prado** ist Di–So 9–20 Uhr geöffnet; So Eintritt frei. Am Goya-Eingang sowie am Velázquez-Eingang gibt es Garderoben und Schließfächer. Der Murillo-Eingang ist der Eingang für Schulklassen, der Jerónimos-Eingang führt in die temporären Ausstellungen des neuen Traktes. **Tel. 913 30 28 00, www.museoprado.es.**

10 **Museo Thyssen-Bornemisza** 🔟

Seit 1992 beherbergt der klassizistische Palacio de Villahermosa (19. Jh.) mit rund 800 Bildern eine der größten privaten Kunstsammlungen der Welt. Baron Hans Heinrich Thyssen-Bornemisza gab Madrid unter zahlreichen anderen europäischen Bewerbern den Vorzug, als es darum ging, für die damals auf 2,5 Mrd. Euro geschätzten Preziosen ein neues Domizil zu finden, nachdem die Villa Castagnola am Lu-

ganer See dafür zu klein geworden war. Die Sammlung zählt zu den beliebtesten Museen in Madrid und zeichnet sich durch die übersichtliche, didaktische Anordnung aus.

Der Spaziergang durch sieben Jahrhunderte europäischer Kunstgeschichte in 48 Sälen beginnt im 2. Stock mit mittelalterlicher Sakralkunst und führt über herrliche Renaissanceporträts (Hans Holbein d. Ä., Piero della Francesca, Albrecht Dürer) zum italienischen Barock und dem spanischen Siglo de Oro (Tizian, Tintoretto, Canaletto, El Greco, de Ribera, Murillo). Französische und englische Romantiker (Watteau, Courbet, Constable) sind im 1. Stock mit erstklassigen Landschaftsbildern vertreten, ebenso Caspar David Friedrich.

Echt gut! **Kaum zu überbieten ist die Impressionisten-Abteilung** mit Auguste Renoir, Claude Monet, Edouard Manet, Edgar Degas, Paul Gauguin und Paul Cézanne. Mehrere Säle im ersten Stock sind dem Expressionismus gewidmet. Im Erdgeschoss ist die Malerei des 20. Jhs. ausgestellt, von der experimentellen Avantgarde zu Beginn des Jhs. bis zur Pop Art. Den Schlusspunkt setzen die Amerikaner Edward Hopper, Willem de Kooning, Jackson Pollock und Mark Rothko.

Die 2004 eröffnete **Colección Carmen Thyssen-Bornemisza** ergänzt in einem postmodernen Anbau die Sammlung um weitere Meisterwerke des Impressionismus und gibt ausgezeichneten temporären Ausstellungen einen Raum (www.museothyssen.org, Di–So 10–19 Uhr).

Centro de Arte Reina Sofía 🄳

Den dritten bedeutenden Kunsttempel am Paseo del Prado eröffnete die Königin 1988 in einem Bürgerhospital aus dem 18. Jh. Die **gläsernen Aufzüge an seiner** **Echt gut** **Fassade (schöner Rundblick!)** von Rafael Moneo und die Ausstellungen zeitgenössischer Kunst erinnern an das Konzept des Pariser Centre Pompidou, so heißt er im Volksmund auch Sofidú.

Gläserne Aufzüge an einer Fassade aus dem 18. Jh.: das Centro de Arte

Die ständige Kollektion im Obergeschoss bietet einen exzellenten Querschnitt durch die spanische Moderne. José Gutiérrez Solana, Julio González, Juan Gris, Salvador Dalí, Joan Miró und Antoni Tàpies werden mit repräsentativen Ausschnitten aus ihrem Werk vorgestellt.

Das Herzstück der Sammlung bildet Pablo Picassos »Guernica« (Saal 7, 2. Stock). Das monumentale, 8 mal 3,50 m große Gemälde von 1937 hält den Horror der Bombennacht in jener baskischen Kleinstadt fest, die von der deutschen Legion Condor dem Erdboden gleichgemacht wurde. Picasso malte das Bild im Auftrag der republikanischen Regierung

Private Kunststiftungen

Mäzenatentum hat eine lange Tradition in Spanien, und so lassen sich nicht nur Stadt und Staat ihr kulturelles Engagement einiges kosten, sondern auch Banken und Versicherungen. Aktuelle Termine, Themen und Öffnungszeiten entnimmt man der Tagespresse oder den Internetseiten der Stiftungen.

■ **Canal de Isabel II.**
Santa Engracia, 125, Ⓜ Ríos Rosas, www.cyii.es. Fotokunst, präsentiert in einem alten Wasserturm.

■ **Fundación Caja Madrid**
Pl. de San Martín, 1, Ⓜ Ópera, www.fundacioncajamadrid.es. Ambitionierte Kulturstiftung der Madrider Sparkasse.

■ **Fundación MAPFRE Vida**
Av. General Perón, Ⓜ Bernabéu, www.mapfre.com. Kunsthalle einer Versicherung in der Zona AZCA.

■ **Centro Cultural Galileo**
Fernando el Católico, 35, Ⓜ Moncloa. Städtisches Kulturzentrum.

■ **Casa de la Moneda**
Doctor Esquerdo, 36, Ⓜ O'Donnell. Historische Münz- und Briefmarkensammlung; Forum für Wechselausstellungen.

■ **Fundación BBVA**
Paseo de la Castellana, 81, Ⓜ Banco de España, www.fbbva.es. Themenausstellungen aus verschiedenen Epochen.

■ **Fundación March**
Castelló, 77, Ⓜ Serrano, www.march.es. Zeitgenössische Kunst in allen Spielarten; im Garten der renommierten Stiftung Plastiken u.a. von Chillida und Sempere.

Reina Sofía

Jugendstilkonstruktion aus Guss-eisen und Glas um. Der üppige Palmengarten unter dem Tonnen-gewölbe der alten Bahnhofshalle hat sich zum beliebten Treffpunkt nicht nur an kalten Tagen entwickelt; hier herrschen ganzjährig 24 °C.

Restaurant

Samarkanda
Estación de Atocha
Tel. 915 30 97 46
Das Café-Restaurant in tropisch-kolo-nialem Look serviert moderne spanische Küche; auf der Terrasse lassen sich Cocktails und Tapas genießen. ●●

*Real Fábrica de Tapices **7**

Seit 1721 werden hier Gobelins und Teppiche von Hand geknüpft bzw. an Webstühlen aus dem 18. Jh. gewebt (C. Fuenterra-bía). Seit den Gründertagen be-findet sich das Unternehmen im Besitz derselben flämischen Fa-milie (Tel. 914 34 05 50, www. realfabricadetapices.com, Füh-rungen Mo–Fr 10–14 Uhr).

Der Palmengarten im Atocha-Bahn-hof ist ein beliebter Treffpunkt

für den spanischen Pavillon der Pariser Weltausstellung. Testa-mentarisch verfügte er später, dass das Werk erst wieder in ei-nem demokratisch regierten Spa-nien gezeigt werden dürfe. Zum 100. Geburtstag des großen Spa-niers wurde »Guernica« nach Ma-drid zurückgebracht (Santa Isabel, 52, www.museoreinasofia.es, Mo, Mi–Sa 10–21, So 10–14.30 Uhr; Sa ab 14.30 Uhr und So ganztägig Eintritt frei).

*Estación de Atocha **6**

An der Glorieta del Emperador Carlos V. liegt die Estación de Atocha. Rafael Moneo baute 1993 die für das späte 19. Jh. typische

CaixaForum

Der neueste Kunsttempel am Pa-seo del Prado ist seit Mitte 2007 das CaixaForum. Die Stiftung der katalanischen Großbank präsen-tiert in einem spektakulär umge-stalteten Elekrizitätswerk populäre und zeitgenössische Kunst in wechselnden Ausstellungen (Paseo del Prado, 36, www.lacaixa.es/ obrasocial, tgl. 10–20 Uhr).

Ausflüge

El Escorial 1

Der Klosterpalast **San Lorenzo
de El Escorial,** 49 km nordwestlich von Madrid in exponierter
Lage am Südhang der Sierra de
Guadarrama gelegen, beherrscht
das gesamte Umland. Unter der
Leitung von Juan Herrera wurde
der Wunsch Felipes II., Wohn-
und Arbeitsräume sowie königliche Grablege, Kloster und Kirche
zu einer architektonischen Einheit
zu verbinden, in einem Renais-
sancebau von düsterer Größe ver-
wirklicht und zugleich ein Symbol
des strengen Staats- und Men-
schenbildes von Felipe II. geschaffen, das den heutigen Besucher
frösteln lässt. Zu dem rechteckigen Komplex von 206 m Länge
und 161 m Breite zählen 400 Räu-
me und 16 Innenhöfe.

***Toledo** 2

Ob als Knotenpunkt
großer Römerstra-
ßen, Hauptstadt des
Westgotenreichs, ara-
bisches Emirat oder
kastilische Residenz-
stadt, die zum kultu-
rellen Zentrum des
mittelalterlichen Spa-
nien aufstieg – Tole-
do (65 000 Einw.;
71 km südlich von
Madrid) verkörpert
spanische Geschichte
wie kaum eine zweite
Stadt des Landes. Auf
einem Felsen hoch
über einer Schleife
des Río Tajo gelegen,
bot sie alle Vorausset-
zungen für den Bau
einer uneinnehmba-

ren Festung. Heute lebt die Stadt vom Tagestourismus und der Souvenirindustrie: die berühmten Toledaner Klingen sind wieder sehr gefragt.

Gilt als Erfindung des maurischen Toledo: Marzipan *(mazapán)*. Die beste Auswahl führt die **Pastelería Casa Telesforo, Pl. Zocodover, 17.**

Der Hauptplatz der labyrinthischen Altstadt ist die Plaza de Zocodover. Die Beschilderung führt zur imposanten ****Kathedrale,** zu deren Höhepunkten das geschnitzte Retabel (1504) und die Gemäldesammlung in der Sakristei zählen (Goya, Velázquez, El Greco). Vorwiegend aus Toledaner Kirchen stammen die visionären Bilder des »Griechen«, in der ****Casa Museo de El Greco.** Die nebenan im Mudéjarstil erbaute ****Sinagoga del Tránsito** (14. Jh.) zeugt von der herausragenden Bedeutung der jüdischen Gemeinde, bevor die Inquisition sie vernichtete. Eine weitere Synagoge wurde 1405 in die Kirche Santa María la Blanca umgewandelt. Neben der Kathedrale bestimmt der rekonstruierte **Alcázar** die Silhouette der Stadt. Während der 70-tägigen Belagerung durch republikanische Truppen 1936 wurde die Festung, die im 11. Jh. erbaut wurde, fast völlig zerstört.

Info

Oficina de Turismo
Puerta de Bisagra, s/n
Tel. 925 22 08 43

****Ávila** 3

Dauer: 1 Tag
Praktische Hinweise: Mit der Bahn mehrmals täglich ab Chamartín, ca. 1 ½ Stunden Fahrzeit.

Die Hauptattraktion der höchstgelegenen Provinzhauptstadt Spaniens (1128 m; 48 000 Einw.; 113 km von Madrid) ist die 2,5 km lange, mit 90 Türmen und neun Toren versehene ****Stadtmauer,** die auf das 11. Jh. zurückgeht.

Im **Convento de Santa Teresa** wird die 1622 heilig gesprochene Mystikerin Teresa von Ávila (1515–1582) verehrt. Zu den Kostbarkeiten der im 12. Jh. erbauten ****Kathedrale** gehören das Chorgestühl und das Grabmal des Bischofs Madrigal (1518).

Info

Oficina de Turismo
Pl. Catedral, 4
Tel. 920 21 13 87

****Segovia** 4

Dauer: 1 Tag
Praktische Hinweise: Schnellzug AVANT ab Chamartín alle 1–2 Stunden, 35 Min. Fahrzeit, 14,40 € (pro Person) hin und zurück am gleichen Tag.

Segovia hat 58 000 Einwohner und ist 88 km von Madrid entfernt. Die Stadt besitzt eine Fülle von Adelspalästen und romanischen Kirchen. Herausragend sind drei Bauwerke: der 728 m lange und 29 m hohe ****Aquädukt** aus römischer Zeit (1. Jh.), die ****Kathedrale** im Stil der isabellinischen Gotik sowie der ****Alcázar,** ein kastilisches Märchenschloss (tgl. 10–19, im Winter nur bis 18 Uhr; herrliche Aussicht). Besonders bezaubern in ***La Granja de San Ildefonso** die barocken Palastgärten (Mo–Sa 10–13.30, 15–17, So 10–14 Uhr, im Sommer tgl. 10–18 Uhr).

Info

Oficina de Turismo
Pl. Mayor, 10
Tel. 921 46 03 34

Restaurant

Mesón de Cándido
Azoquejo, 5
Tel. 921 42 59 11
Typisch kastilische Bratengerichte. ●●

*Alcalá de Henares **5**

Dauer: 5–6 Stunden
Praktische Hinweise: Bahnlinien C-2 und C-7a ab Atocha, 35 Min. Fahrzeit.

1498 gründete Kardinal Cisneros, Beichtvater und graue Eminenz am Hof der Katholischen Könige, in Alcalá de Henares (160 000 Einw.; 32 km östlich von Madrid) die renommierte Universidad Complutense; erst 1836 wurde sie nach Madrid umgesiedelt. Ihr historischer Stammsitz war das

*Colegio Mayor de San Ildefonso an der gemütlichen Plaza de Diego. In der von typisch kastilischen Arkadengängen gesäumten Calle Mayor steht die **Casa Museo Cervantes** (Di–Fr 10–14, 16 bis 19, Sa, So 10–14 Uhr).

Info

Oficina de Turismo
Callejón Santa María, 1
Tel. 918 89 26 94

Restaurant

Hostería del Estudiante
Colegios, 3
Tel. 918 88 03 30
Eine Sehenswürdigkeit für sich: kastilische Küche in der Uni-Mensa aus dem 16. Jh. ●●

12 *Aranjuez **6**

Dauer: 1 Tag
Praktische Hinweise: Bahnlinie C-3 alle 20 Min. ab Atocha, mit dem nostalgischen »Erdbeerzug« **›** S. 16

In der einstigen königlichen Sommerresidenz Arunjuez (38 000 Einw.; 48 km südlich von Madrid) verbrachten die Bourbonen gern die schönsten Tage des Jahres (Di–So 10–17, im Sommer bis 18 Uhr).

Madrid-Ausflügler kombinieren Aranjuez gern mit dem Besuch des ehemaligen Grafensitzes ***Chinchón** (45 km von Madrid). Busverbindung: La Veloz, ab Av. del Meditérraneo, 49, **Ⓜ** Conde de Casal.

Ech gu

Infos von A–Z

Ärzte und Apotheken

Im Krankheitsfall stehen neben Arztpraxen städtische Notfallzentralen *(casas de socorro)* zur Verfügung. Erste Hilfe leistet im Stadtzentrum z.B. die **Casa de Socorro** in der Calle Navas de Tolosa, 10, Tel. 915 32 23 64; Ⓜ Callao. Mitglieder gesetzlicher Krankenkassen werden gegen Vorlage der europäischen Krankenversicherungskarte kostenfrei behandelt. Allerdings garantiert nur der Abschluss einer zusätzlichen Reisekrankenversicherung freie Arztwahl und den Rücktransport im medizinischen Notfall. Für alle Leistungen sollte man eine detaillierte Rechnung *(factura)* zur späteren Kostenerstattung verlangen.

Apotheken *(farmacias)* erkennt man an dem Schild mit grünem Kreuz auf weißem Grund. Der Notdienstplan ist in den Tageszeitungen abgedruckt.

Diplomatische Vertretungen

Deutsche Botschaft:
Fortuny, 8, Tel. 915 57 90 00,
Fax 913 10 21 04; Ⓜ Rubén Darío.
Österreichische Botschaft:
Paseo de la Castellana, 91, 9. Stock,
Tel. 915 56 56 05, Fax 915 97 35 79;
Ⓜ Cuzco.
Schweizer Botschaft:
Núñez de Balboa, 35, 7. Stock,
Tel. 914 36 39 60, Fax 914 36 39 80;
Ⓜ Velázquez.

Einreise

Deutsche, österreichische und Schweizer Staatsbürger benötigen für Aufenthalte bis zu drei Monaten nur einen gültigen Personalausweis bzw. die nationale Identitätskarte; für Kinder und Jugendliche unter 16 Jahre genügt ein Kinderausweis oder ein Eintrag im Reisepass der Eltern. Für Bürger der Europäischen Union entfällt die Passkontrolle.

Feiertage

- 6. Januar (Hl. Drei Könige)
- 19. März (Josefstag)
- Gründonnerstag – Karfreitag
- 1. Mai (Tag der Arbeit)
- 2. Mai (Gedenktag des Volksaufstandes gegen Napoleon)
- 15. Mai (Fest des Stadtpatrons San Isidro)
- 25. Juli (Nationalfeiertag)
- 15. August (Mariä Himmelfahrt)
- 12. Oktober (Entdeckung Amerikas)
- 1. November (Allerheiligen)
- 9. November (Fest der Stadtpatronin La Almudena)
- 6. Dezember (Verfassungstag)
- 8. Dezember (Unbefleckte Empfängnis)
- 25. Dezember (Weihnachten)

Fundbüro

Negociado de Objetos Perdidos,
Plaza de Legazpi, 7, Tel. 915 88 43 46;
Ⓜ Legazpi.

Urlaubskasse	
Tasse Kaffee (café con leche)	1,50 €
Softdrink (Cola, Mineralwasser)	2 €
Glas Bier (vom Fass)	2,50 €
Glas Wein	3 €
Portion Tapas	4–7 €
Kugel Eis	1,50 €
Taxifahrt (ca. 10 km)	8 €
Mietwagen/Tag	ab 25 €
Metro-Ticket	1 €

Geld

Landeswährung ist der Euro, 1 CHF = 0,62 € (August 2008). Am schnellsten und unkompliziertesten erhält man Bargeld mit Maestro-Karte und Geheimnummer an einem Geldautomaten *(telebanco)*. Kreditkarten, vor allem Mastercard, Visa und American Express, akzeptieren die meisten Geschäfte und Restaurants.

Information

Spanische Fremdenverkehrsämter
■ **in Deutschland:**
Kurfürstendamm 63, 10707 Berlin, Tel. (0 30) 8 82 65 43, Fax 8 82 66 61;
Grafenberger Allee 100, 40237 Düsseldorf, Tel. (02 11) 6 80 39 80,
Fax 6 80 39 85;
Myliusstr. 14, 60323 Frankfurt/M., Tel. (0 69) 72 50 33, Fax 72 53 13;
Postfach 15 19 40, 80051 München, Tel. (0 89) 5 30 74 60, Fax 53 07 46 20.
Zentrale Rufnummer für Prospektbestellung: (0 61 23) 9 91 34,
Fax 9 91 51 34.
■ **in Österreich:**
Walfischgasse 8–14, 1010 Wien, Tel. (01) 5 12 95 80, Fax 5 12 95 81.
■ **in der Schweiz:**
Seefeldstr. 19, 8008 Zürich, Tel. (01) 2 52 79 30, Fax 2 52 62 04.
■ **in Madrid:**
Oficina Municipal de Turismo, Pl. Mayor, 27, Tel. 915 88 16 36, Fax 913 66 54 77. Patronato Municipal de Turismo, Calle Mayor, 69, 28013

Madrid, Tel. 915 88 29 00, Fax 915 88 29 30. Auskunftsbüros der Comunidad de Madrid: Aeropuerto de Barajas, Tel. 902 10 00 07. Duque de Medinaceli, 2; Ⓜ Sevilla. Estación de Chamartín. Ronda de Toledo, 1.
■ Kostenloses städtisches **Info-Telefon** (Mo–Fr 8.30–21.30 Uhr): Tel. 0 10; Infotelefon des staatlichen Verkehrsamtes (Turespaña): Tel. 9 01 30 06 00.
■ **Im Internet:** www.esmadrid.com oder www.munimadrid.org

Kriminalität

Lassen Sie nie Wertsachen im Auto zurück und tragen Sie teuren Schmuck sowie teure Kameras nicht offen zur Schau. Immer wieder werden Touristen auf dem Flohmarkt Rastro, in der Metro, im Malasañaviertel oder auf der Gran Vía Opfer von Langfingern. Oft arbeiten Trickdiebe im Team und führen ein regelrechtes Straßentheater auf, um ahnungslose Urlauber abzulenken – Vorsicht bei inszenierten Unfällen, Streitereien oder Hütchenspielen.

Medien

Viele bedeutende spanische Tageszeitungen, z.B. »El País«, »ABC«, »El Mundo« und »Diario 16«, werden in Madrid publiziert. Der Lokalteil enthält das aktuelle Kulturprogramm. Weitere Ausgehtipps entnimmt man dem Wochenmagazin »Guía del Ocio«. Der TV-

---

Gut zu wissen

Mit der **Madrid Card** des Städtischen Verkehrsamtes hat man freien Eintritt in die 40 wichtigsten Museen und Kunststiftungen der Stadt; man kann beliebig oft Busse und Metro benutzen und an Stadtrundfahrten teilnehmen. Viele Restaurants und Geschäfte gewähren Kartenbesitzern Rabatte. Eine Ein-Tages-Card kostet inkl. der Madrid-Visión-Touren 42 €, für zwei Tage 55 €, für drei Tage 68 €. Verkauf im Centro de Turismo, Pl. Mayor, 27, oder im Internet unter www.madrid card.com.

Sender Telemadrid berichtet aus Madrid und Umgebung. Für sein junges Musikprogramm ist das staatliche Radio 3 (93,2 und 95,8 FM bzw. Ukw) bekannt.

Messen

Die meisten Messen finden im neuen Messepark am Campo de las Naciones unweit des Flughafens Barajas statt. Auskunft erhält man bei der **Messegesellschaft IFEMA**, Parque Ferial Juan Carlos I., Apdo. de Correos 67067, 28067 Madrid, Tel. 917 22 51 80, Fax 917 22 57 92; www.ifema.es

Notruf

■ Allgemeiner Notruf (Feuerwehr, Notarzt, Polizei): Tel. 1 12.
■ Polizei: Tel. 0 91 (Policía Nacional), Tel. 0 92 (Policía Municipal).
■ Fremdsprachiger Polizeinotruf: Tel. 902 10 21 12 oder 915 48 85 37.
■ Feuerwehr (Bomberos): Tel. 0 80.

Öffnungszeiten

Geschäfte und Büros sind im Allgemeinen 10–14 und 16–20 Uhr geöffnet; ein Ladenschlussgesetz gibt es nicht. Im Winter wird die Siesta oft um eine Stunde verkürzt, dafür schließt man abends früher. **Kaufhäuser und Einkaufszentren** sind durchgehend geöffnet, oft auch sonntags. **Postämter** sind werktags 8–14 Uhr geöffnet. Meist schließen **Museen** montags und sonntagnachmittags, viele **Restaurants** haben Sonntag Ruhetag. Im August sind viele Lokale und Museen geschlossen.

Post

Die Hauptpost an der Plaza de la Cibeles ist Mo–Fr 8–20 Uhr, Sa bis Mittag geöffnet. Postämter mit Sonderöffnungszeiten gibt es in der Calle Bravo Murillo, 207, in der Calle Mejía Lequerica, 7 und am Paseo de Santa María de la Cabeza, 42. Dort wird man Mo–Fr 10–23, Sa 11–24 und So 12–23 Uhr bedient. Briefmarken *(sellos)* sind auch in Tabakläden erhältlich.

Telefon

Internationale Gespräche sind von jedem öffentlichen Apparat aus möglich. Entweder man bezahlt mit Münzen (Mindesteinwurf: 1 €) oder per Telefonkarte *(tarjeta)*, erhältlich u.a. in Tabakläden und Kiosken. Das Telefonamt *(Telefónica)* an der Gran Vía, 30, ist tgl. 9.30–23.30 Uhr geöffnet. Auslandsgespräche sind von 22 bis 8 Uhr sowie ganztägig am Sonntag verbilligt. Die handelsüblichen GSM-**Handys** funktionieren in Spanien problemlos.
■ **Landesvorwahlen aus Spanien:**
nach Deutschland: 00 49
nach Österreich: 00 43
in die Schweiz: 00 41
■ **Landesvorwahl Spanien:** 00 34.

Trinkgeld

Selbst bei Inklusivpreisen sind im Restaurant 10 % *propina* üblich. Auch in der Bar und im Café lässt man stets ein paar Münzen auf dem Wechselgeldteller liegen. Taxigebühren kann man aufrunden. Auch dem Gepäckträger im Hotel, dem Zimmerservice und Fremdenführern sollte man ein Trinkgeld zukommen lassen.

Zollbestimmungen

Bei Reisenden aus EU-Ländern akzeptiert der Zoll 800 Zigaretten und 10 l Hochprozentiges (pro Person ab 15 bzw. 17 Jahren) für den Privatverbrauch. Schweizer dürfen aus Spanien u.a. zollfrei einführen: alkoholische Getränke bis 15 % Vol. 2 l, über 15 % 1 l, 200 Zigaretten oder 50 Zigarren, Souvenirs bis 300 CHF.

Zeit

In Madrid gilt die MEZ, es gibt keine Zeitverschiebung.

Register

Bildnachweis

Alamy/Jon Arnold Images Ltd: 77; Alamy/Suzy Bennett: U2-Top12-05; Alamy/Michelle Chaplow: U2-Top12-11; Alamy/Alan Copson City Pictures: U2-Top12-02; Alamy/dk: U2-Top12-08; Alamy/denis doyle: 122; Alamy/Peter Forsberg: 82; Alamy/Kevin Foyy: 111; Alamy/ Robert Harting Picture Library Ltd: U2-Top12-09, 18; Alamy/Kim Karpeles: U2-Top12-10; Alamy/Photos 12: 51; Alamy/Sergio Pitamitz: U2-Top12-03; Alamy/Carlos Rojas: 10; Alamy/Alex Segre: 126; Alamy/Witold Skrypczak: 66; Alamy/John Stark:123; Alamy/Martin Thomas Photography: 73, 80, 84; Alamy/vario images GmbH&Co.KG: 44; Alamy/Visual&Written SL: 43; Alamy/Ken Welsh: 89; Bildagentur Huber/R. Schmid: 103; fotolia.com/Gabriele Abu-Dayeh: 76; fotolia.com/Antonio Alcobendas: U2-Top12-04; fotolia.com/Mark Gabrenya: 2-2; fotolia.com/Ovidio Lordachi: 52; fotolia.com/moonrun: 40; fotolia.com/smn: 132; Ralf Freyer: U2-Top12-07, 15, 65, 72, 96; Markus Kirchgeßner: 107; laif/Celentano: 2-2, 33, 49, 105; laif/cover: 37, 112; laif/hemis: 71; laif/Hemispheres: 119; laif/hemis fr./Herve: 69; laif/Hilger: U2-Top12-06, U2-Top12-12; laif/Nathalie Hilger: 55; laif/Gernot Huber: 34; laif/HUGHES Merve/hemis.fr: 121, 129; laif/Raach: 118; laif/The New York Times/Redux: 125; laif/Frank Siemens: 87; laif/Westrich: 1, 31; Leonardo.com: 23; LOOK-foto/age fotostock: 50, 58, 116, 133; LOOK-foto/Franz Marc Frei: 38; LOOK-foto/Robin Laurance: 6; LOOK-foto/Juergen Richter: 56, 59, 75, 130; Robert Möginger: 101, 115; Martin Rosefeldt: 2-1, 20, 25, 45, 47, 64, 68, 90, 94, 95, 98.

Polyglott im Internet: www.polyglott.de

Impressum

Wir freuen uns, dass Sie sich für einen Reiseführer aus dem Polyglott-Programm entschieden haben. Auch wenn alle Informationen aus zuverlässigen Quellen stammen und sorgfältig geprüft sind, lassen sich Fehler nie ganz ausschließen. Wir bitten um Verständnis, dass der Verlag dafür keine Haftung übernehmen kann. Ihre Hinweise und Anregungen sind uns wichtig und helfen uns, die Reiseführer ständig weiter zu verbessern. Bitte schreiben Sie uns:
Polyglott Verlag, Redaktion, Postfach 40 11 20, 80711 München, redaktion@polyglott.de

Wir wünschen Ihnen eine gelungene Reise!

Bei Interesse an Anzeigenschaltung wenden Sie sich bitte an:
Langenscheidt KG, Herrn Lachmann
Tel.: 089/3 60 96-438, E-Mail: m.lachmann@langenscheidt.de

Herausgeber: Polyglott-Redaktion
Autor: Robert Möginger
Lektorat: Ricarda Gerhardt
Redaktion: Annette Pundsack, Redaktion A–Z, Köln
Bildredaktion: Polyglott, Ulrich Reißer und Birgit Beyer
Layout: Ute Weber, Geretsried
Titeldesign-Konzept: Studio Schübel Werbeagentur GmbH, München
Karten und Pläne: Polyglott-Kartografie
Kartografische Bearbeitung: Kartographie Huber
Satz: Birgit Beyer, Köln
Druck: Himmer AG, Augsburg
Bindung: »Butterfly«-Bindeverfahren zum Patent angemeldet durch Kolibri Industrielle Buchbinderei GmbH 2008

PT 08M1 ◆ 09011

Langenscheidt Mini–Dolmetscher Spanisch

Allgemeines

Guten Tag.	Buenos días. [buenos dias]
Hallo!	¡Hola! [ola]
Wie geht's?	¿Qué tal? [ke tal]
Danke, gut.	Bien, gracias. [bjen graθjas]
Ich heiße ...	Me llamo ... [me ljamo]
Auf Wiedersehen.	Adiós. [adjos]
Morgen	mañana [manjana]
Nachmittag	tarde [tarde]
Abend	tarde [tarde]
Nacht	noche [notsche]
morgen	mañana [manjana]
heute	hoy [oi]
gestern	ayer [ajer]
Sprechen Sie Deutsch / Englisch?	¿Habla usted alemán / inglés? [abla usted aleman / ingles]
Wie bitte?	¿Cómo? [komo]
Ich verstehe nicht.	No he entendido. [no e entendido]
Wiederholen Sie bitte.	Por favor, repítalo. [por fawor repitalo]
..., bitte.	..., por favor. [por fawor]
danke	gracias [graθjas]
Keine Ursache.	De nada. [de nada]
was / wer / welcher	qué / quién / cuál [ke / kjen / kual]
wo / wohin	dónde / adónde [donde / adonde]
wie / wie viel / wann / wie lange	cómo / cuánto / cuándo / cuánto tiempo [komo / kuanto / kuando / kuanto tjempo]
Warum?	¿por qué? [por ke]
Wie heißt das?	¿Cómo se llama esto? [komo ße ljama esto]
Wo ist ...?	¿Dónde está ...? [donde esta ...]
Können Sie mir helfen?	¿Podría usted ayudarme? [podria usted ajudarme]
ja	sí [ßi]
nein	no [no]
Entschuldigen Sie.	Perdón. [perdon]
Das macht nichts.	No pasa nada. [no paßa nada]

Sightseeing

Gibt es hier eine Touristeninformation?	¿Hay por aquí cerca una información turística? [ai por aki θerka una imformaθjon turistika]

Ich möchte einen Stadtplan / ein Hotelverzeichnis.	¿Tiene un plano de la ciudad / una lista de hoteles? [tjene um plano de la θiudad / una lista de oteles]
Wann ist das Museum geöffnet?	¿Cuándo está abierto el museo? [kuando esta abjerto el mußeo]
Wann ist die Kirche / die Ausstellung geöffnet? geschlossen	¿Cuándo está abierta la iglesia / la exposición? [kuando esta abjerta la igleßja / la espoßiθjon] cerrado [θerrado]

Shopping

Wo gibt es ...?	¿Dónde hay ...? [donde ai]
Wie viel kostet das?	¿Cuánto cuesta? [kuanto kuesta]
Das ist zu teuer.	Es demasiado caro. [es demaßjado karo]
Das gefällt mir (nicht).	(No) me gusta. [(no) me gusta]
Gibt es das in einer anderen Farbe / Größe?	¿Tienen este modelo en otro color / otra talla? [tjenen este modelo en otro color / otra talja]
Ich nehme es.	Me lo llevo. [me lo ljevo]
Wo ist eine Bank?	¿Dónde hay un banco? [donde ai um banko]
Ich suche einen Geldautomaten.	Busco un cajero automático. [busko un kachero automatiko]
Geben Sie mir bitte 100 g Käse / zwei Kilo Pfirsiche.	Por favor, déme cien gramos de queso / dos kilos de melocotones. [por fawor deme θjen gramos de keßo / dos kilos de melokotones]
Haben Sie deutsche Zeitungen?	¿Tienen periódicos alemanes? [tjenen perjodikos alemanes]
Wo kann ich telefonieren?	¿Dónde puedo llamar por teléfono? [donde puedo ljamar por telefono]
Wo kann ich eine Telefonkarte kaufen?	¿Dónde puedo comprar una tarjeta telefónica? [donde puedo komprar una tarcheta telefonika]

Notfälle

Ich brauche einen Arzt / Zahnarzt.	Necesito un médico / un dentista. [neθeßito um mediko / un dentista]